六祖壇經・佛學的革命

楊惠南・編撰

中國歷代經典寶庫

41

出版的話

時報文化出版的《中國歷代經典寶庫》已經陪大家走過三十多個年頭。無論是早期的紅底燙金精裝「典藏版」，還是50開大的「袖珍版」口袋書，或是25開的平裝「普及版」，都深得各層級讀者的喜愛，多年來不斷再版、複印、流傳。寶庫裡的典籍，也在時代的巨變洪流之中，擎著明燈，屹立不搖，引領莘莘學子走進經典殿堂。

這套經典寶庫能夠誕生，必須感謝許多幕後英雄。尤其是推手之一的高信疆先生，他秉持為中華文化傳承，為古代經典賦予新時代精神的使命，邀請五、六十位專家學者共同完成這套鉅作。二〇〇九年，高先生不幸辭世，今日重讀他的論述，仍讓人深深感受到他對中華文化的熱愛，以及他殷殷切切，不殫編務繁瑣而規劃的宏偉藍圖。他特別強調：

> 中國文化的基調，是傾向於人間的；是關心人生，參與人生，反映人生的。我們

的聖賢才智，歷代著述，大多圍繞著一個主題：治亂興廢與世道人心。無論是春秋戰國的諸子哲學，漢魏各家的傳經事業，韓柳歐蘇的道德文章，程朱陸王的心性義理；無論是貴族屈原的憂患獨歎，樵夫惠能的頓悟眾生；無論是先民傳唱的詩歌、戲曲，村里講談的平話、小說……等等種種，隨時都洋溢著那樣強烈的平民性格、鄉土芬芳，以及它那無所不備的人倫大愛；一種對平凡事物的尊敬，對社會家國的情懷，對蒼生萬有的期待，激盪交融，相互輝耀，繽紛燦爛的造成了中國。平易近人、博大久遠的中國。

可是，生為這一個文化傳承者的現代中國人，對於這樣一個親民愛人、胸懷天下的文明，這樣一個塑造了我們、呵護了我們幾千年的文化母體，可有多少認識？多少理解？又有多少接觸的機會，把握的可能呢？

參與這套書的編撰者多達五、六十位專家學者，大家當年都是滿懷理想與抱負的有志之士，他們努力將經典活潑化、趣味化、生活化、平民化，為的就是讓更多的青年能夠了解繽紛燦爛的中國文化。過去三十多年的歲月裡，大多數的參與者都還在文化界或學術領域發光發熱，許多學者更是當今獨當一面的俊彥。

三十年後，《中國歷代經典寶庫》也進入數位化的時代。我們重新掃描原著，針對時代需求與讀者喜好進行大幅度修訂與編排。在張水金先生的協助之下，我們就原來的六十多冊書種，精挑出最具代表性的四十種，並增編《大學中庸》和《易經》，使寶庫的體系更加完整。這四十二種經典涵蓋經史子集，並以文學與經史兩大類別和朝代為經緯編綴而成，進一步貫穿我國歷史文化發展的脈絡。在出版順序上，首先推出文學類的典籍，依序有詩詞、奇幻、小說、傳奇、戲曲等。這類文學作品相對簡單，有趣易讀，適合做為一般讀者（特別是青少年）的入門書；接著推出四書五經、諸子百家、史書、佛學等等，引導讀者進入經典殿堂。

在體例上也力求統整，尤其針對詩詞類做全新的整編。古詩詞裡有許多古代用語，需用現代語言翻譯，我們特別將原詩詞和語譯排列成上下欄，便於迅速掌握全詩的意旨；並在生難字詞旁邊加上國語注音，讓讀者在朗讀中體會古詩詞之美。目前全世界風行華語學習，為了讓經典寶庫躍上國際舞台，我們更在國語注音下面加入漢語拼音，希望有華語處，就有經典寶庫的蹤影。

《中國歷代經典寶庫》從一個構想開始，已然開花、結果。在傳承的同時，我們也順應時代潮流做了修訂與創新，讓現代與傳統永遠相互輝映。

時報出版編輯部

【導讀】

解脫之道何處尋？

楊惠南

很久以前，我讀到了一則禪門故事（詳《指月錄》二）：

一天，文殊菩薩叫善財童子到郊外去採藥草。善財出到門外，又折回來說：

「我看山河大地每一樣東西都是藥材，不知菩薩要我採什麼藥草？」

文殊笑著說：

「既然每一樣東西都是藥材，你就隨便帶點回來吧！」

於是善財去到郊外，順手摘了一株野草獻給了文殊。這文殊看了這株野草，就向旁邊的眾人說：

「各位！這株草既可殺人，又可活人！」

當時，我不知道這則故事是在說什麼，後來我才知道它是象徵「佛性」——那是貫穿整個禪宗思想的一個概念。

不久前，我又看到了一首句句矛盾、句句難懂的詩，傳說那是梁武帝時代的傅翕（ㄒㄧˋ xì）所寫的（詳《景德傳燈錄》二十七）：

空手把鋤頭，步行騎水牛。
人從橋上過，橋流水不流！

當時，我也不懂這詩的意思，後來我才知道它正在說「般若（ㄅㄛ ㄖㄜˇ bō rě）」——這也是貫穿禪宗思想的另一個概念。

有很多朋友向我抱怨禪門的作品難懂，即使像《六祖壇經》（簡稱《壇經》）這樣淺白的禪門經典，也都往往讓人感到頭痛。其實，只要了解「佛性」與「般若」這兩個概念，《壇經》裡的思想也就不難把握了。

那麼，什麼是「佛性」呢？佛性是「成佛的可能性」。這可能性，只要是生命——哪怕是至卑的螻蟻，也都本來具足。所以佛教有句名言——一切眾生皆可成佛！

在《壇經》中，佛性又叫做「自心」、「自性」、「本心」、「本性」，或「正法眼藏」。它不但是眾生向善成佛的動力，也是宇宙萬物的本源。宇宙雖大。卻全都是佛性的顯現。由於宇宙的佛性的顯現，因此宇宙中的一花一草，也都是至善、至美、至真的——哪怕是糞便、汙泥也是這樣！在佛門當中，沒有真正的醜惡，有的只是對醜惡的無邊同情。所以善財才會說：「大地每樣事物都是藥材。」而智者善用醜惡，醜惡成了良藥；愚者卻為醜惡所轉，醜惡成了毒品！

底下的兩則公案，正可以說明這種處處都是佛性、處處都是至真、至善、至美的道理：

(1)有和尚問洞山守初禪師：「什麼是佛？」洞山答：「麻三斤！」（詳《五燈會元》十五）

(2)有和尚問石頭希遷：「什麼是道？」希遷答：「木頭！」（詳《傳燈錄》十四）

其次，什麼是「般若」呢？般若譯作「智慧」，那是指一種能夠體悟萬物皆空的智慧——這「空」，不是消極悲觀的虛無，而是沒有執著、沒有牽掛，坦蕩磊落、廣大自在的心境。

底下另一則禪門故事，或許對「般若」的了解有所幫助（詳《傳燈錄》三）：

一個名叫道信的小沙彌，向第三代祖師僧璨說：

「請大師慈悲，教導我解脫的法門！」

「誰綁了你，你幹麼要求解脫？」僧璨問。

「沒人綁我呀！」道信答。

「既然沒有人綁你，你還求什麼解脫法門？」僧璨說。

道信一聽，忽然間開悟了，成了第四代祖師！

這故事告訴我們：一切萬法、一切煩惱都是主觀的，因此也都是空幻不實的；體悟了這種空幻的「般若」，即可開悟解脫。

在本書中，往往用否定的方式來闡述「般若」，因為解脫者的智慧是超越相對的。例如說：「真理之光……是無形無相無臭無味……。」（頁一七第七—八行）

又如：「不思善、不思惡。」（頁五八第一一行）這種否定法，也常用行動來表示；例如《景德傳燈錄》卷八就有這麼一則公案：

水老和尚問馬祖禪師：

「什麼是解脫者？」

馬祖一腳把水老踢倒，水老因而開悟，哈哈大笑起來。

後來，水老常向他的徒弟們說：「自從一吃馬祖踏，直至如今笑不休！」

顯然，馬祖那一踢等於告訴水老說：解脫的境界是絕對的、不可說不可說的，你窮問個什麼勁兒！

有時候，體悟「般若」的解脫境也用矛盾的手法來說明。上引傅翕的矛盾詩是一例，底下的公案也是另一例（詳《指月錄》五）：

有和尚請教馬祖禪師說：「什麼是解脫者？」馬祖在地上畫了個圓圈，叫這和尚站在圓圈當中。沒想到這和尚剛一進入圓圈，馬祖就用木棒狠心地打。這和尚被打得疼了，就跳出圈外，但是，當他剛跳出圈外，馬祖又打將起來！這真是左也不是、右（非左）也不是，圈內也不是，圈外（非圈內）也不是！原來，離開是非、善惡、左右等等矛盾對立，才是真正的解脫呀！

禪師們的教學方法往往是詩意的、象徵的、不拘形式的。讀者們只要試著用這詩意、象徵、不拘形式的心情來欣賞本書中的禪門故事，必能沐浴在這自在、喜悅的智慧當中！

六祖壇經◆佛學的革命　目次

序

沒有驚怖，沒有顛倒
一番花謝又是一番花開。
想六十年後你自孤峰頂上坐起
看峰之下，之上之前之左右
簇擁著一片燈海——每盞燈裡有你。

——周夢蝶

序

佛教自秦、漢時代傳入中國以來，至今已經兩千餘年。在這兩千年的流變當中，朝代更迭不息、王室有興有衰，而佛教卻一直屹立不動，進而成為中國文化的主流之一。佛教的含容性、尊貴性，由此可見一斑！

隋、唐後，佛教大分為空、有二宗。空宗以三論、天台、禪等三宗為主；有宗則有唯識、華嚴、淨土三宗。如果再加上密、律，則成所謂的大乘「八宗」。

宋、明以降，由於諸種原因，禪、淨二宗獨盛一時，成了中國佛教的兩大支柱。其中，由於新穎的教理、活潑的教學，禪宗更受知識分子的普遍喜愛。有人說，沒有禪宗，中國佛教必定黯然無光；也有人說，沒有禪宗，就沒有宋、明的新儒家學說。甚至還有人說，宋、明的新儒學說是「陽儒陰佛」，而其中的「佛」指的正是禪宗。這些說法也許過分誇張，卻也其來有自，不能不說有它幾分的道理吧！

隨著國勢的興盛，禪宗和其他佛教的各宗一樣，也在唐、宋期間傳入了鄰國。在南方越南的開國元勳是一位禪師；在北方，日、韓的禪師輩出，禪宗更被認為是日本文化的三大主流之一（另外兩大主流是日本原有的神道，以及中國傳入的儒學）。本世紀初，由於鈴木大拙的努力，禪宗更由日本傳入了歐美。不但放浪形骸的「披頭一代」（The Beat Generation）迷上了禪宗，就是哲學家海德格（M. Heidegger）、心理學家榮格（C. Jung）、弗洛姆（E. Fromm）等學界泰斗，也都極力讚揚禪宗！

無可置疑地，禪宗這盞光輝燦爛的明燈，雖已點傳了一千餘年，而其光芒卻絲毫不減當年。

然則，在浩瀚如海的禪宗典籍當中，有哪一部經可以代表它的菁華呢？無疑地，那是《六祖壇經》！

《六祖壇經》簡稱《壇經》，原名是《六祖惠能大師法寶壇經》。這部書是諸多中國和尚所寫的作品中，唯一被稱為「經」的。它不但是禪宗最重要的典藉，也是探討中國文化的讀者們不可不讀的作品。胡適之將它列入「一個最低限度的國學書目」當中；錢穆也認為它是探索中國文化必讀的典籍之一，還說它是中國有史以來第一部白話文的作品。如此說來，《壇經》不但是佛學的、思想的必讀作品，還是文學史上一個重要的里程碑哩！

《壇經》是中國禪宗第六代祖師——惠能大師一生說法的記錄，也可以說是他一生多彩多姿的傳記。（記錄者是惠能大師的高徒——法海禪師。）一般相信，《壇經》是以惠能大師在廣東曲江大梵寺的說法為主要內容，再經後代禪師們的增刪、編纂而成的偉構。

惠能大師原是廣東新興縣一個出身貧寒，目不識丁的樵夫，然而，由於他那天生的秉賦以及後天的奮鬥，卻以二十出頭的年齡，榮膺禪宗第六代祖師的頭銜，不但受到全國上下的景仰，也闡揚了佛門慈悲濟世的精神，其影響之大、感人之深，直逼孔、孟。而其一生的轉貧寒為尊貴、去坎坷成坦途，的確值得今日有志青年的效法。筆者有幸將此《壇經》改寫、演義，將其自由、活潑的說法，澎湃、滂沱的思想介紹給全國讀者，衷心既感恐慌又感榮幸！

《壇經》的版本很多，其中以「敦煌古本」及元朝「至元本」最為著名。至元本雖較後出，因而多少喪失了惠能大師說法的原貌，卻是流通較廣的本子。後代依至元本為底本，又略有增刪，卻不出至元本的左右。本書即是依至元本而改寫、演義的。

一般相信，至元本不同於敦煌本的地方，主要是它增添了許多的問答——那是發生在惠能大師與弟子之間一些發人深省的故事。這些問答收集在至元本的〈機緣品〉第七和〈頓漸品〉第八當中；由於它們富有啟發性和趣味性，這些問答成了本書相當重要的篇幅。另外，在這些故事當中，為了讓讀者更加了解禪宗的全貌，因此筆者又穿插了許多後代禪師的感人故事；這雖是《壇經》所沒有的，卻是了解禪宗、了解佛教不可或缺的部分（穿插的部分都加以註指明）。

筆者最感到不安的是，《壇經》的主體部分——〈般若品〉第二、〈定慧品〉第四、〈坐禪品〉第五、以及〈懺悔品〉第六，由於內容的枯燥、艱深，因此都沒有照章改寫，只將其中易懂的部分，陸陸續續地散入其他章節當中，以致讀者在閱讀本書時，無法和原經逐章逐段地對照。然而，大體上，本書還是按照原經的章節次第——惠能大師的求學、隱遁、說法、入滅，而逐步開展的；其中，對原經的精神除了盡量保持不變之外，相信還有所闡發，這是筆者在惶恐不安中，堪可慰藉者。

所應注意的是，有時候為了說明艱深而又不可或缺的概念（例如「般若」、「布施」等），筆者甚至不惜虛構人物、故事，來闡明這些概念；第十一章〈鬱鬱黃花無非般若〉就是這樣寫成的。另外，第七章〈春歸〉、第十三章〈寶林寺〉，也大概是在這種情形下完成的。而貫穿全書的一個角色——瘋和尚天嬰，更是這種情形下的產物。這樣的寫作方式也許不是嚴謹的，卻是不得已的。所幸，本書只是《壇經》的演義，在不喪失原經的精神下，適度的闡發應該是值得的。細心的讀者，如果能把這些部分抽離，再詳讀各章後面的註釋，相信本書亦可做為一本嚴肅的《六祖大師傳》。

有些讀者可能會責怪本書中的神話故事，因為這些神話大多是原經所沒有的。然而筆者深信，「誇張」是文學作品的特色，詩人李白的「神話」是寫下了千古名句——白髮三千丈！（哪裡有那麼長的白髮呢！）其他像范仲淹的「酒入愁腸，化做相思淚」，王昌齡的「一片冰心在玉壺」，這在在都說明文學作品的「誇張」本質。而神話，不過是這「誇張」本質的極致罷了。神話，代表了人類心靈最自由、最活潑的一面，只要你好好地看待它，它將成為我們心中最純樸、最可貴的要素。你說是嗎？

這本書之所以能和各位讀者見面，首先要謝謝時報出版公司的諸位先生，由於他們的咐囑，筆者才有機會將《壇經》改寫、演義。其次要謝謝陳文秀先生和藍吉富先生，前者詳細地看了前面一部分的稿件，還提供了一些寶貴的意見；後者也幫忙提供了一些歷史性的資料。還有，歐政隆、梁熾誠、周蘭芬和楊福全幾位青年朋友的幫忙潤色，也一併在這裡謝過。

筆者特別喜愛詩詞，因此在每一章節的前面，都附有一首與該章內容相關的詩詞。這些詩詞大半都是歷代高僧的作品。筆者尤其喜愛周夢蝶先生（現代詩人）的新詩，這不但是因為它那豐富、華麗的詞藻，還因它深含濃郁的禪意。感謝周先生的特許引用，也感謝趙天儀先生的提供資料！

另外，還應該特別一記的是，本書寫作期間曾經發生兩次難以下筆的情形：第一次發生在第十一章〈鬱鬱黃花無非般若〉，第二次則發生在第十七章〈南能北秀〉。這兩次的困難，都因為全書故事的轉折而產生的。

為了化解第一次的困難，筆者邀請振馨弟同遊日月潭。我們和一位日本觀光客合租了一部計程車遊覽全湖，最後來到了一座名叫玄光寺的小廟，那是供奉唐代高僧玄奘大師的小廟。司機先生說，寺裡的老尼已經七十多歲，每天除了清掃寺廟的裡裡外外，還要招呼陸陸續續前來參拜的遊客。而廟是南投縣政府設立的，老尼只能領到微薄的薪水。他還說：有一次，這老尼生了一場重病，她為了繼續保有這份「職業」，只得到處借錢來請一位歐巴桑暫代她的職位，而歐巴桑所索取的錢卻比她每月的薪水多出許多！司機嘆了一口氣說：「這老尼好可憐！」我聽了心裡既悲又悔，因為我已經把香油錢塞進了佛案前的「功德箱」了！玄奘大師的金身一直向我微笑，也不知他笑我什麼來著？

這一夜，日月潭下了一場大雨，湖光山色頓時黯淡了下來。這雨綿綿密密直下到深夜，我在旅舍遠眺著玄光寺，只見寺裡的燈火忽隱忽現，我情不自禁地對馨弟說：明天大早我們再走一趟玄光寺！

翌日清晨我們划船來到了這座小廟，那老尼一邊忙著挖筍一邊熱情地招呼我們。我說：「妳這麼一大把年紀了，幹嘛還那麼拚命工作？」她說：「現在不挖，待會兒遊客來了就沒空閒挖了。」我又說：「妳挖這麼多竹筍幹什麼？」她說：「曬乾了挑去賣，可以貼補一點零用。」回旅舍前，我掏出身上所有的百元大鈔，這回不再是塞到「功德箱」裡，而是塞到老尼的懷中！她追著要還給我，還拿了一大包自製的茶葉想塞給我。我和馨弟連奔帶跑地下到潭邊的渡頭，好不容易才將她甩掉！

第十一章〈鬱鬱黃花無非般若〉，就是刻意描寫這次日月潭之旅的。

楊惠南誌

一九八〇年秋

大師的靈魂永遠熾熱

如果我們的靈魂稱得上什麼的話，那祇因
它比別人的靈魂燃燒得更熱烈。
如果我知道更美的東西，那我對你說的
就正會是那一些東西！

——A·G·紀德

一、楔子

木犀盈樹幻兼真，折贈家家拂俗塵。
莫怪靈山留一笑，如來原是賣花人！

——清·澄波詩

兩千多年前，北印度靠近恆河的一座古老的城市——王舍城，一大早就顯得比往常熱鬧，因為偉大的聖者釋迦牟尼佛，就要在今早來到城郊的靈鷲山上說法，王舍城裡車水馬龍，城民們扶老攜幼地直往靈鷲山上趕去。

靈鷲山上從昨天晚上就擠滿了人，有來自城裡的居民，也有來自遠方的朝聖者，年輕人、老年人、商旅、教師、農夫，還有許許多多可愛的小朋友們。據說，靈鷲山是仙人居住的地方，諸佛講經說法的聖地。早起的太陽也湊著熱鬧，放射著溫柔的光輝，照耀在山澗中的野花上，照得花瓣上的露珠滾呀滾地笑了起來！五顏六色的小鳥唱呀、跳呀，好不興奮，似乎也在談論著佛陀的即將來到。

突然間，瀰漫在山峰上的白雲漸漸散開了，天上降下了無數的天女，飛翔在山峰上，隨著仙樂，跳著仙舞，還散著芬芳撲鼻的仙花。滿山遍野彷彿鋪著一層軟綿綿的花地氈，令人看了不覺由衷讚歎起來，這真是一幅美麗的景象啊！

晨光中，聖者釋迦牟尼佛終於帶領著他那一千兩百五十多位出家弟子，徐徐地來到靈鷲山上的樹林下。天女們早就為他準備了一個舒適的座位，那是用一朵大如車輪的金蓮花和一千朵小鑽石花所裝飾成的寶座，人們稱它為「金剛寶座」；據說，只有降伏魔鬼而徹底了悟宇宙人生最高真理的聖者，才有資格坐在上面。

釋迦牟尼佛安詳地坐著，他那慈悲的眼睛，像是能容萬物的大海，無限關懷地看著周遭無量無邊的信眾，看著遠處田野裡吃著青草的牛羊。在千萬隻期待著的眼睛中，在千萬顆誠摯呼喚著的心靈內，聖者釋迦牟尼佛的足下，突然間慢慢地放出了溫和的光芒。這光芒，起先是在雙腳間，後來漸漸地蔓延到兩腿、腰、胸，和手臂、額頭，最後全身都煥放出五彩繽紛的光芒。大地和人們沐浴在佛陀慈悲的光輝下，含苞待放的山花一朵朵地開放，小草兒更加青綠，鳥兒歡欣雀躍。而盲者重見了光明、聾者聽到了歌聲、貧者富足了、富人得到真正的安寧，憂傷的人們也展露出可愛的笑容。凡是佛陀的慈光所照耀到的地方，都充滿了幸福和快樂。靈鷲山上歡聲雷動，這真真是千載難逢的一次盛會！人們高聲喊著：「南無（ㄋㄚˊ ㄇㄛˊ ná mó，禮敬）釋迦牟尼佛！南無釋迦牟尼佛！」①

這時，大梵天上的尸棄天王，從雲端走下來，捧著一株名貴的優鉢羅花（金蓮花），恭敬地獻給釋迦牟尼佛，並唱了一首讚美詩：

天上天下無如佛，十方世界亦無比。
世界所有我盡見，一切無有如佛者！②

佛陀接過尸棄天王手中的天花玩賞著，露出了喜悅的笑容。這一笑，從他整齊的牙縫中放出了五顏六色的光芒，一一光中現出朵朵金色的蓮花，每朵金蓮都有千重花瓣，一一瓣上坐著千尊化佛，而一一佛上也都放出萬丈的光芒！圍繞在佛陀周遭的人們個個看得出了神，忍不住齊聲讚歎。其中有一位名叫摩訶迦葉（ㄕㄜˋ shè）的老和尚，他是釋迦牟尼佛的大弟子，年紀最長，德行也最高深。在佛陀拈花、微笑當中，他頓然體會到了世間最尊貴的真理。這真理像是一首唱不出來的老歌，像喚不回的、童年母親溫柔的叮嚀，綿綿不絕地湧現心頭，它是水中月、鏡裡花、空中的鳥跡、雪上的鴻痕、活生生地在心頭跳躍，卻又無法用語言文字來計量、形容！他看著、享受著；享受著那不可說、不可說的真理之流在心靈上奔放；看著佛陀手中金光燦爛的優鉢羅花，也看著偉大聖者所幻化出來的奇妙景象。他太高興了、太感動了。一時之間竟忍不住地跟著佛陀笑了起來。沒想到這一笑，無限的光芒從他身上每一毛孔中放射出來！青紅赤白，各色蓮花，也隨著五顏六色的光芒一一幻現出來。更奇妙的是，還有銅、鈴、鐘、磬、鼓等各式各樣的樂器，也在天樂齊奏下，紛紛化現，獻給在場如痴如醉的信眾們！迦葉尊者有些迷惑了。這是夢嗎？他一次次地問著自己，然而真理之流卻又像一彎清淳的溪水，明明白白地在心底流過。

沉默已久的釋迦牟尼佛，這時終於說了：

迦葉！世間最尊貴的寶物莫過於真理，它像我手中的優鉢羅花一樣地希有難得！人世間的貧富、美醜、善惡、是非，恰如過眼雲煙，終於要歸於寂滅；而真理之光卻永遠照耀著世間，使病者得癒、貧者致富、憂傷的人們得以舒展眉頭！如今，我已將這真理之光祕密地傳授給你，其實也是你自心田的深處發掘了這人人本來就具有的真理寶藏。諸佛如來稱這真理寶藏為「正法眼藏」，希望你好好享受它、維護它，使它的光輝永遠流傳人間！現在，我將我最敬愛的姨母所送給我的金縷袈裟轉送給你，希望你將它交付給未來的彌勒佛，他將在五十六億多年後降生人間，這金縷袈裟的世世流傳，象徵著真理之光的永遠不滅。③

迦葉！你千萬要記住，至尊至貴的真理之光——正法眼藏，剛才我說已經祕密地傳授給你，那不過是一種方便的說法。因為它是無形、無相、無臭、無味，語言文字無法描述，唯有聖者的妙心才能體會，就像我手中的優鉢羅花，它的美麗能傳授給你嗎？它不過是一株靜止的花，它能傳授給你什麼呢？它的美麗，除非你自覺去觀賞、體會，否則它的美麗永遠不會變成你的喜悅！被稱為正法眼藏的真理也是這樣。事實上，它早已存在於每個人的心中，像埋在金礦裡的金子，就靠能切實踐履的修行者，來親自開發它無上的光彩。④

說完，釋迦就將金縷袈裟正式為摩訶迦葉披上，咐囑他成為禪宗的第一代祖師。

摩訶迦葉體會到宇宙最高真理——正法眼藏之後，就到處弘揚佛法、度化眾生。最後，並把這最高真理教給了他的師弟阿難尊者，然後獨自到北印度靠近喜馬拉雅山的鷄足山上去潛心修行。有一天，迦葉尊者面向著鷄足山上的一片大石壁說道：「石壁呀，石壁！現在我要進入甚深的冥思——禪定當中，以便等待五十六億年後彌勒佛的下降人間；請你行個方便，裂開一條小縫，好讓我能藏身在石壁裡面好嗎？」說也奇怪，當迦葉尊者請求完畢，大地就動搖起來，整片石壁放射出金色光芒，原本堅硬的外殼，也宛如棉花一般，輕飄而柔軟。鷄足山上所有的山花都開放了，松鼠、野兔，還有馴鹿都靜靜地跪在一旁，天上天樂齊奏，天花像雨水似地灑下。旁邊的阿難尊者，看到此種奇觀忍不住地讚歎著：

> 石壁的堅硬，比不過師兄禪定的深邃！師兄的定力無堅不摧，正義和慈悲才是人間最好的武器啊！⑤

於是，迦葉尊者披著佛陀所遺留下來的金縷袈裟，從頭到腳流露出閃爍的金光。他微笑合掌，步履安詳地走入石壁當中，回過身來，面向天邊高聲唱著：

佛陀的真理最為尊貴，佛陀的慈悲最為廣大！願我能將佛陀救世濟人的偉大使命，傳達給彌勒尊佛，他是人間未來的救主！

說完了話，石壁恢復原狀，迦葉尊者便進入甚深禪定，以等待未來美好世界的來臨。據說如今人們只要虔誠禮拜，石壁即會再度裂開，那迦葉尊者金色的慈容也將現在眼前！⑥

阿難得到迦葉尊者的咐囑之後，便成了禪宗的第二代祖師。到了晚年，他又把這正法眼藏傳給他的徒弟商那和修；商那和修成了禪宗的第三代祖師。像這樣，經過一千年左右，傳到了第二十八代祖師——菩提達摩（達摩祖師）。

大約在梁武帝的時代，達摩祖師來到中國，成了中國禪宗的第一代祖師。達摩傳給第二祖慧可（神光），陸陸續續又傳到了唐朝時代的惠能禪師；也就是中國禪宗的第六代祖師。

六祖惠能是中國禪宗中最偉大的禪師。他那光輝燦爛的一生和樸實自由的思想，風靡了全中國，帶給中國人取之不盡、用之不竭的精神活泉！他滋潤了思想家的心靈，豐富了詩人們的想像力，使宋、明兩朝的文化界開出了燦爛繽紛的花朵！偉哉，六祖！底下的故事正是來自六祖偉大的遺作——《六祖壇經》，那是一部記載他一生事蹟的不朽名作！⑦

【註釋】

①以上大約是依照《大般若經．初分緣起品》而改寫的。其中最後的「南無」一詞是「歸敬」、「禮敬」、「皈依」的意思。

②這首詩原來是釋迦牟尼佛在修行時讚歎弗沙佛的，現在拿來這裡代用。傳說釋迦牟尼佛在修行時曾經七日七夜在弗沙佛前唱著這首詩，因此釋迦牟尼佛提早九劫成佛。（「劫」是印度時間的單位，相當中國的好幾億萬年。）詳見《大智度論》卷四。

③有關釋迦牟尼佛傳法衣給彌勒佛的傳說，請參見《中阿含經》第十三。經中還說到迦葉尊者目前仍在雪山的石岩中入定，以等待彌勒佛的下生。而《賢愚經》第十二說金縷衣（金襴衣）是佛陀的姨母大愛道比丘尼所織成的。

④有關「拈花微笑」的傳說，最早記載於唐．慧炬所撰之《寶林傳》。一般記載，佛只說了底下一句：「吾有正法眼藏、涅槃妙心、實相無相、微妙法門、不立文字、教外別傳，咐囑摩訶迦葉。」

⑤依據《佛說彌勒大成佛經》、《大智度論》卷三等經論的記載，迦葉尊者所入的禪定叫做「滅盡定」，那是聖者用來休息的一種甚深禪定。（禪定是一種集中心志於某一事物之上的行為，熟練的禪師，據說能得到超人的力量——神通；這大概是所謂的「精誠所至，金石為開」吧！）

⑥有關迦葉在鷄足山入定等待彌勒下生的記載，請參看《佛說彌勒大成佛經》或《大智度論》卷三。

⑦《六祖壇經》是惠能大師的徒弟們所記錄下來的一部大作，並不是他親自執筆所寫的。依據這部經的最後一品〈咐囑品〉所說，從西天初祖迦葉尊者，一直到中土第六祖惠能大師，其中共傳了三十三代。詳如下：摩訶迦葉、阿難、商那和修、優波毱（ㄐㄩˊ jú）多、提多迦、彌遮迦、婆須蜜多、佛陀難提、伏馱蜜多、脅、富那夜奢、馬鳴、迦毘（ㄆㄧˊ pí）摩羅、龍樹、迦那提婆、羅睺（ㄏㄡˊ hóu）羅多、僧伽難提、伽耶舍多、鳩摩羅多、闍耶多、婆修盤頭、摩拏羅、鶴勒那、師子尊、婆舍斯多、不如蜜多、般若多羅、菩提達摩（西天第二十八代祖、中土初祖）、慧可、僧璨、道信、弘忍、惠能。

二、辭親、求法

無端知妙諦，有識是塵心。
欲洗塵心淨，尋山莫畏深！

——元・明本詩

六祖大師俗姓盧，名惠能。唐太宗貞觀十二（西元六三八）年誕生在嶺南新州（現在的廣東省新興縣）。相傳大師誕生後的第二天黎明，有兩位容貌奇特的僧人來到惠能的家裡，告訴惠能的父母親說：「恭喜二位得到了千年難逢的麟兒！他是佛門未來的龍象。將來他不但可以『惠』施一切眾生，也『能』弘揚佛陀所流傳下來的尊貴真理，因此希望二位替他取名為惠能，將來一切都會很順利！」說完，兩位僧人即消逝而去，不知下落。太陽漸漸地升了上來，金色的晨光照在這新生嬰兒的臉上，彷彿一粒紅豔欲滴的蘋果！於是，盧惠能的名字就這樣定了下來。①

三歲時，惠能父親就去世了，留下母子二人相依為命。他從小就非常孝順，年紀稍大就上山砍柴，然後挑到街上去賣。鄰居都稱讚他，也沒有一位顧客不喜歡他！

有一天，惠能過完二十四歲的生日不久②，像往常一樣地砍柴、挑柴，挑到了城裡的顧客家去。剛放下柴擔，出了門來，就聽到有人正在喃喃念經③，在念到「應無所住而生其心」的時候，惠能感到有一股生命的暖流，打從心靈的最深處源源湧出，滋潤了身體的每一關節、每一竅門、每一毛孔，並打開了無量無邊的智慧寶藏。他感到無限的喜悅，像是騰雲在空中遊盪，又像回到童年，躺在母親溫暖的搖籃裡！在這一瞬間，惠能突然開悟起來，每一個人看起來都那麼善良，哪怕是乞丐或強盜。每一朵花也都好像正在向他招手微笑！哪怕是不知名的野花。惠能實在太高興了，顧不得自己連個大字也不認識，更顧不得自己對佛法的全然無知，就貿貿然跑去問那個人說：

「請問您正在念誦的是什麼經？」那人看他衣著襤褸，但卻態度誠懇，所以就詳細地告訴他：

「我念的是《金剛經》。是從蘄（ㄑㄧˊ qí）州黃梅縣東禪寺那兒恭請來的，那兒是弘忍大師居住的寺廟。」

「請問弘忍大師是誰？」

「他是當今最有名的禪師，弟子有一千多人。你對佛法有興趣嗎？」那人很慈祥地問他，惠能不太好意思地搔搔頭：

「有興趣倒是有興趣，只是一方面我不識字，根本不懂佛法，二方面我家裡有老母在，一時也不能離開她老人家！」惠能說著說著，神情一下子高興，一下子羨慕，一下子又現出非常苦惱的樣子。

「小兄弟呀！」那人拍拍惠能的肩膀說：「我看你資質聰明，很有善根，假如能夠深入佛法，一定會有極大的成就！年輕人應該不計一切辛勞地追求理想、追求真理才對啊！這樣吧，我先給你十兩銀子，就算我先一步供養你這位未來的肉身菩薩，你拿回去安頓你的母親，然後再到黃梅東禪寺去見弘忍大師，我相信他一定會善待你的。」

惠能感激涕零地接過十兩銀子，一再地向客人跪拜磕頭，然後匆匆地趕回家去。一路上思潮起伏，如拍岸驚起的洶湧海水，他想起《金剛經》的經文，想起幼年喪父的孤苦，母親的辛勞，以及城裡那人的深重恩德，不禁悲喜交加，淚水如泉水般源源流出！太陽漸漸下山了，晚霞映照得千頃禾田如黃金般地閃閃發亮。遠處，一個頭戴斗笠、荷鋤、赤腳的農夫，正向著禾田那頭的一個童子喊著：「孩子！天快黑了，趕快回家吧！」

惠能回到家門已是星光點點，家裡燃起了油燈，青草池塘處處都是蛙鳴。

「能兒！今天怎麼這麼晚才回家呢？」母親半瞇著的兩眼，有著慈祥的光輝，似乎隨時都準備要化解兒子的煩惱一樣。惠能不知怎麼開口，只能報以羞怯的苦笑。

「娘！您吃飽了沒？」

「你沒回來，娘怎麼吃得下呢！」母親半帶責怪又半帶憐惜的口吻說：「告訴我，你今天有什麼心事？」

惠能好不容易才鼓足了勇氣，說出他一天來奇妙的遭遇。最後他嘆了一口氣，低著頭向母親說：

「只是娘年紀已大，能兒實在不忍心離開您！」

「能兒！」母親緊緊地握著惠能的雙手說：「娘有左鄰右舍，有忠狗小花，累了可以到院子裡躺著看青天，悶了又可以細數田野裡的白鷺鷥，更何況還有那十兩銀子，不愁吃、不愁穿，娘身體還硬朗，你有什麼不忍離開的！年輕人應該多出去闖蕩闖蕩，佛法如山高、佛法似海深，菩薩的慈悲就像甘露一般滋潤我們的心田！這些年來，娘身體健康、心情愉快，還不都是因為我天天念佛、拜菩薩的關係！現在你要到廟裡求法學佛，娘是一千個歡喜，一萬個情願！能兒，去吧！別老是把娘掛在心上！只是，佛門不是一般人所能進入的，既然學佛，就應以天下蒼生為念，把濟世救人之心鍛鍊得像山高、似海深，這才不辜負佛菩薩的一番宏願！」

惠能流著淚水，感激地望著母親。涼風陣陣吹來，吹得桌上的燈火明滅不定。一隻螢火蟲輕輕忽忽地飄了進來，飄到慈母的蒼蒼白髮上面，又輕輕忽忽地飄了出去。母親慈祥地對惠能說：

「飯菜都涼了，早點吃完早點歇著，明天一大早還要趕路呢！」

四周寂靜得只聽到蛙鳴和蟋蟀的唧唧叫聲。油燈熄了，窗外樹影幢幢，一輪明月正斜照在屋內的佛龕上。惠能反復玩味著《金剛經》的那句經文：「應無所住而生其心！」直到五更天色微亮，才昏昏沉沉地睡去。

東禪寺位於蘄州黃梅縣北二十五里的憑墓山上（相當於現在的湖北省黃梅縣），是一座古拙樸實卻氣象恢宏的寺廟。惠能涉水越嶺，經過三十多天，才來到這座名聞全國的古剎。④

負責招待來賓的知客僧，把惠能引進方丈室，惠能拜見了這一個多月來，朝思暮想的弘忍大師。大師為了考驗惠能的根器，一見到惠能就裝出一付傲慢無禮的口氣問他：

「你到這裡來幹什麼？」

「弟子是嶺南新州百姓，想要禮拜大師為師，望大師慈悲收容！」惠能從容不迫地回答了問題，並且四肢匍匐地向大師頂禮。

「哼！我就知道你不是什麼好東西！你是嶺南人，是野蠻的短嘴狗！你還有資格成佛嗎？」弘忍故意不客氣地諷刺他。但惠能卻反而挺起身子，拍拍胸膛，昂首朗聲說道：

「人雖然有南北區分，但是一切眾生都可成佛，這人人可以成佛的佛性，哪裡有什麼南北的不同？是的，弟子是嶺南人，是野蠻的短嘴狗，的確不能跟大師尊貴的法體相比，但是您我的佛性難道也有差別嗎？」一口氣說完了話，惠能又深深地向大師一頂禮，然後立在一旁，靜候大師的發落。

四周圍觀的和尚個個都為惠能捏了一把冷汗，他們從來沒有想到，一個貌不驚人，衣著襤褸的鄉巴佬，竟然敢對他們一向敬畏如神的祖師頂嘴！然而弘忍大師卻由衷地歡喜了起來。看到他那大無畏的神態，聽到他那句句契理的答辯，這不正是千載難逢的好僧材嗎？彷彿他鄉遇到了故知，不禁想要跟他多談幾句。但猛一想，四周僧徒眾多，或恐人多嘴雜，生惹是非，所以只好裝出一付嚴厲的姿態說：

「你既然是來求法，為什麼還這麼傲慢無禮？現在閒話不必多說，你這就到廚房裡去打雜去！」

「弟子啟稟師父！」沒想到惠能還意猶未盡地搶著說：「人人都有佛性，弟子內心本來就具足大智大慧，清淨無染，沒有任何雜務。現在師父要我去打雜，請問到底要打個什麼雜？」

五祖弘忍聽了這話倒也驚奇得非同小可，心想這小子實在太過聰明，如果不讓他去最下賤的地方做做苦工，恐怕日久終會攪出亂子；於是弘忍大師就向惠能大聲地命令道：

「你這短嘴狗，一付笨頭笨腦的樣子，嘴巴倒是伶俐得緊！現在少囉嗦，趕快去馬槽清掃馬糞去！」

就這樣，惠能在東禪寺的後院劈柴、舂米、打水、除糞，做著下人的打雜工作，空閒的時候，也隨眾到前堂去聽法、參禪⑤。時光匆匆，轉眼已過了八個多月。有一天，五祖弘忍走到後院，見到惠能正在辛勤地工作。於是大師走過去對惠能說：

「惠能呀！你覺得辛苦嗎？你覺得師父待你怎樣？」

「師父待我恩重如山，弟子終生難以報答！」惠能向弘忍深深地一頂禮，拿出繫在腰邊的毛巾擦著汗：「師父說過，求道者應該像我釋迦那樣刺血、析骨，難行能行，才會有大成就！」

「嗯！」五祖含笑點點頭，似乎很滿意惠能的回答。沉吟半晌，輕輕嘆了一口氣，又繼續說：「你剛入山的那一天，我對你似乎過分為難。說實在的，當時我實在很喜歡你，很想繼續跟你談下去，但又怕人多嘴雜，恐怕將來有人會傷害於你，因此也就沒有好臉色看。你怨怪師父嗎？」

「弟子不敢！」惠能合十行了個禮說：「當時弟子也知道師父的意思，所以這八個多月來，我都盡量躲在後院，沒有必要絕不走到堂前，以免增添師父的麻煩。」

「是啊！為師的最近雖然很少來到後院，但我無時無刻不在注意著你的行動。對你的吃苦耐勞，我非常滿意！你應該知道，至尊至貴的真理之光，不是躺在溫馨舒適的床上就可得到。自從我佛把那正法眼藏傳給初祖迦葉尊者，至今已一千多年，歷經三十二代。這中間求法的人雖然不少，但是得道的人卻如鳳毛麟角！因為『不經一番寒徹骨，怎得梅花撲鼻香』！你現在做的打雜工作，看來全然與修道無關，而實際上『道』是無形無相、無聲無嗅，不可說、不可說的；在蒲花、柳絮、竹針、麻線當中；在搬柴、挑水、除糞當中⑥！在日常生活一舉一動裡面。道是無時、無處不存在啊！但願你好自為之，將來能光大我佛救世濟人的本懷！」

惠能聆聽了五祖的這一席話，就像吃下了百樂仙桃那樣舒暢，兩腿不聽使喚，噗地一聲就跪在地上，嘴巴喃喃地直嚷著：「謝謝師父，謝謝師父！」當他再度抬起頭來，弘忍大師的影子已經離得好遠，迎風飛舞著的僧衣，帶起一片片桃樹上飄落下來的花瓣。在夕陽的餘輝中，弘忍大師像極了神話的神祇，全身放出異樣的光彩！

【註釋】

①見《全唐文》卷九一五法海的《壇經．略序》。

②有關惠能到黃梅求法的年齡有兩種不同的說法。一是二十二歲說，如《神會語錄》、《歷代法寶記》所說；另一是二十四歲說，如〈略序〉（《全唐文》卷九一五）、〈光孝寺瘞髮塔記〉（《全唐文》卷九一二）所說。另外，《曹溪大師別傳》曾說到，惠能在二十二歲出發求法後，曾在曹溪（今廣東曲江縣）逗留一段時日，與無盡藏比丘尼討論《大涅槃經》；後來又到樂山

縣西山石窟依智遠禪師學禪。因此，今人印順法師在其《中國禪宗史》一書（台北慧日講堂、六十四年、二版）中推測，惠能二十二到二十四歲之間，曾在曹溪、樂昌等地居住，並潛心學佛，二十四歲時才正式到黃梅弘忍大師處求法。（詳《中國禪宗史》第五章第一、二節。）本書仍依原經所載的第二說。

③《祖堂集》說，顧客的名字叫安道誠。

④《壇經》原本做「三十餘日」，實際上是兩年！詳見前註②。

⑤依據《全唐文》卷三二七〈六祖能禪師碑銘〉（王維撰）所說，惠能也時常到前堂去參預五祖的法席。依此，並不如傳說中的，惠能完全不懂佛法，就榮獲祖位。

⑥《景德傳燈錄》卷七「明州大梅山法常禪師」一條下，有底下的一則公案：僧問：「如何是佛法大意？」師云：「蒲花、柳絮、竹針、麻線！」筆者將之移做弘忍的開示。

三、神秀呈偈（ㄐㄧˋ jì）

江南月，如鏡亦如鉤。
如鏡未臨紅粉面，
如鉤不展翠幃羞，空自照東流！

——元．竺月華詞

有一天，五祖弘忍大師鳴鐘召喚全寺的僧眾，在沉重宏亮的鐘聲當中，一千多位和尚，除了後院裡打雜的僧人之外，都魚貫地快步走進大雄寶殿。大家都知道必定是有重大的事件即將發生。殿裡金身的釋迦佛像，低眉垂眼，拈著一朵金黃色蓮花微笑著，千百盞的長明燈忽明忽滅，照耀著栩栩如生的釋迦佛像，就像一千多年前靈鷲山會上的情景。僧眾們一排排，整齊地坐在蒲團上，場中鴉雀無聲，只聽到清雅的爐香讚，伴隨著幽揚的磬聲，在一片肅穆當中，響徹整個宏偉的大雄寶殿。

弘忍大師身披紅色袈裟，端坐在佛壇上閉目冥思。梵唱甫停，就看到他悠悠地睜開了雙眼，手上的拂塵輕揚，眼睛向四面八方慢慢地掃描了一圈，然後以低沉宏亮的音調對著眾僧說：「覺悟之心人人有之，成佛之性人人有之；如能當下體悟此心此性，人人即可立地成佛！」大師頓了半晌，揚了一下拂塵，又繼續說：

「世人終日只求滿足貪慾，卻不肯追求真理，以開智慧！你們既是一心向道，已將身命財產奉獻給所有眾生，那麼就應加倍用功，把人人本有的覺心和佛性，從心靈的最深、最細處顯發出來！老衲年事已大，想必不久於人世，各位潛心修學，如有所得，請在一兩日之內寫成一偈，交來我看；當中如有真知灼見的人，則將本宗代代相傳的正法眼藏和衣缽付託於他，成為本宗第六代祖師！切記，至尊至貴的真理——正法眼藏，是不可用凡情俗智去了解的，真正體悟真理的人，即使輪刀上陣，也仍然不憂不懼，甘之如飴。」

聽到大師已經不久於人世，僧眾們不禁掀起一陣騷動，幾位定力較差的弟子，甚至唏唏噓噓，哭了起來。弘忍見到眾僧不能體會他的苦心，於是深深嘆了一口氣說：

「世間無常，恰似浮雲，須臾幻滅。凡人有生必有死，這不過是萬物運行的不變法則！若能在這生滅變化的世間當中，體悟不生不滅的真我，則生有何樂，死有何懼？修道之人念念都為拯救眾生，哪裡像你們這樣哭哭啼啼，活像個大姑娘！好！現在大家各自回去工作，努力修行，將來要拿出成績給我看！」

是夜，前堂的僧人們，三五成群地都在談論五祖即將傳法的事情。原來瀰漫全寺的悲傷，隨著熱烈的交談中漸漸地消散了。僧人們一致認為，正法眼藏和衣缽一定會由一位叫做「神秀」的師兄得到，因為他是弘忍的上座弟子，人品、學問以及道行都堪稱全寺的佼佼者。更何況五祖曾親口讚美神秀說：「東山之法，盡在秀矣！①」於是僧人們下一個結論：大伙不必浪費精神去寫什麼證道詩，只要神秀上座的詩句一公布出來，未來祖師的位子就非他莫屬。我等跟隨著上座繼續修行便了！

神秀上座俗姓李，洛陽人，從小遍讀儒、道各家的經書，稱得上是一位飽學的僧人！五十歲時參禮弘忍大師，正式皈依佛門，如今已五十有六了。這一夜，神秀輾轉反側，無法入眠，心中陷入兩難的矛盾當中。他想著：「師父叫我們寫偈，報告這些年來苦行的心得，以便決定繼承衣缽的人選。我若寫偈呈上，豈不是成了沽名釣譽、貪圖祖位的不肖之徒！但是，若不呈上一偈，又如何能夠知道我的見解是否正確？或我的苦行是否有所偏差？到底寫或不寫？唉！實在難煞人了！」神秀從床榻上翻了下來，披衣、推門、蹣跚往外走去。銀色的月光，像靜候在外已久的故知，迎面直撲了過來！夜深了，露水滴在麻竹寬大的葉面上，清脆可聞。山腳下的水田，在月光下泛出粼粼的微光，一條蜿蜒的小河，像銀蛇似地匍匐在大地上，河邊村落夾著稀疏的燈光，歷歷可數。寺院裡、池塘邊、桃花正盛開，片片落英，載著濃重的露水，飄落在池心當中。神秀看著這寂靜的夜色，彷彿掉進了深不可測的深淵，一會兒喜悅，一會兒迷惘，心中湧起無數個問號？什麼是真理？什麼是佛陀的本懷？什麼是正法眼藏？他出神地望著平靜無波的池水，活似一個思春的小姑娘，對著鏡子愣愣發呆！突然間，這明鏡般的池水像是攝入了自己的心底，是心？是池？是水？他似乎已無法分辨！落花在池心激起亮晶晶的漣漪，就像自己內心所激發出的生命之光，於是，他忍不住咏出了底下的詩偈：

身是菩提樹，心如明鏡臺。
時時勤拂拭，勿使惹塵埃！②

就像兩肩上的重擔一時脫卸，神秀深深地舒了一口氣，心中充滿了說不出的喜悅。

那真是「扁擔蕎折兩頭脫，一毛頭上現乾坤」③！他迅速回房，拿出筆墨，將詩偈抄在紙上；墨漬未乾，就匆匆摺起，夾在懷中，直往丈室奔去！丈室柴門虛掩，裡面透出昏晦的燈光，弘忍大師正安詳靜坐著。神秀徘徊在門外，幾次伸手想要推門進去，卻又縮了回來！方才吟詩的喜悅，彷彿一下子都煙消雲散，東方已經現出魚肚白，天快亮了，心中卻恍恍惚惚，躊躇不定，大顆大顆的汗珠，從額角直滾下來。神秀深深嘆了一口氣，只好折回寮房，重重地把身體投在床榻上，昏昏睡去！

像這樣，接連四天，總共十二度走到丈室前，都折了回來！直到第四天的三更，神秀耐不住內心的掙扎，再度來到五祖的門口。然而，才一舉起雙手，恍惑之情又陡然高升，像是一隻鬥敗了的公雞，他垂頭喪氣走下台階，步伐有如千斤錘重！月光下神秀將疲憊不堪的身體靠在院裡假山的石頭上，雙眼緊閉，喉嚨發出一聲哀嘆！突然間，桃花樹上一滴露水，沿著葉緣，滴落在神秀的脣邊。他猛然驚起，伸出舌尖舔著雙脣，這竟是一滴清香淳甜的甘露！於是，他精神為之一振，站了起來，當下便從僧寮走去，心裡面並來回思量著：不如就寫在南廊的牆上好了，如果師父看了稱讚，我就出來禮拜，說是我寫的；如果師父看了說不好，那就算我枉費這些年來的努力，將來再做打算！

帶著筆墨，提著燈籠，神秀匆匆忙忙地奔向南廊。一顆心碰碰跳跳著，好似有千匹野馬在裡面橫衝直撞；臉上熱騰騰地，像野火一樣的赤紅！

這南廊有一片空白的牆壁，本來已經決定明天請一個名叫盧珍④的畫師，來畫「楞伽經變」和「五祖血脈圖」⑤；那都是一些佛經裡的故事和歷代禪宗祖師的事蹟。神秀在空白的牆壁上草草地寫上了那四句詩，躡手躡腳地又潛回寮房。這一夜，仍然是月色嬈嬌，但他卻睜著眼睛，直到天亮！

第二天大早，迷迷濛濛當中，神秀聽到有人大叫：「快來呀，大家快來看呀！南廊上寫著一首詩呀！」⑥猛然想起昨夜的情景，心中七上八下地，沒一刻安寧！來來回回在房裡踱著方步，連頭也不敢去探一下門！只那麼半晌時間，南廊擠滿了僧人，各個指指點點，談論著壁上的詩句。這時，弘忍大師也來了，眾僧讓出一條通路，大師直接走到牆下，望著壁上的詩句頻頻點頭，然後對著大眾說：「各位，只要你們依照這首詩去修行，必然不會墮入惡道，必然能夠獲得大利！從現在起，大家把這首詩牢記在心，時時誦念。現在大家快去準備香案，讓我們來禮拜這首詩！」

不一會兒，香案已擺在廊中，弘忍拈了一支香，帶頭拜了下去。眾僧看到大師恭敬虔誠的神態，也都跪拜下去，口中嘖嘖稱讚起這詩來！突然有一在家打扮的中年人，從人群中擠向大師，那正是畫家盧珍。盧珍恭敬地向大師行了個禮，說：

「請問大師，這牆上是不是還要畫圖？」

「我看不用了！」弘忍說：「經上有言：凡所有相皆是虛妄⑦。畫了圖，反倒增加大家的執著！現在已有這麼美妙的一首詩也就夠了。倒是虧你白白跑了一趟！」

「沒什麼！為大師奔波是應該的！」盧珍說著，退到了人群當中。

是夜三更，五祖叫神秀來到丈室問道：

「南廊上的四句詩是不是你作的？」

「是的！」神秀面現靦覥地說：「弟子實在不敢妄求祖位，只是想請師父指點，看看弟子是否稍有智慧？」

「唉！」五祖嘆了一口氣說：「你這四句詩，還沒有見到你自己本有的佛性；只到了門檻，還沒有窺見真理的堂奧！像你這樣的見解，想要求得徹底的覺悟，那是不可能的！現在，你去端一盆水來，替我洗腳⑧，我還有很多話要跟你說！」

神秀端進滿滿一盆水，慢慢為弘忍大師洗著雙腳。弘忍半垂著眼簾說：

「至高無上的真理和覺悟，必須是不做作、不思慮、不研求，沒有一絲一毫的勉強，要當下即能見到自己不生不滅的自性！要知道，宇宙間的萬事萬物，都是我人佛性的流露；佛性是至真、至善、至美的，因此，萬物也是至真、至善、至美的！而所謂的覺悟，所謂的佛性，所謂的正法眼藏，只不過是我人沒有煩惱，沒有妄念的本心。這心，就像沙灘上的沙子一樣，諸佛菩薩步履而過，決不生起一念驕傲歡喜之心；牛羊蟲蟻踐踏而行，也不生起一念憤怒不滿之心；珍寶馨香，沙子不會貪愛；糞尿臭穢，沙子也不會厭惡⑨！像這樣，本心不為萬物所動，即能不為萬物役使，反能役使萬物，萬物就像具備在我心中一樣，如此才是自由人，才是真解脫！如果你能在這上面下點工夫，體會這心，即可揭開你自己本來就已具有的真理寶藏！現在你且下去，在這一兩天內依照我所說的努力用功，然後再寫一首詩讓我看看！」

神秀拜謝了大師，精神恍惚地回到了寮房，時時思索著大師所說的話。然而，時間又過了數日，弘忍的開示雖藏在心底，卻仍然無法因此見到自性、寫出真詩來！一天，早齋剛過，正當全寺僧眾忙著寺務，有一童子，打從惠能舂米的小屋走過，口中朗朗唱著神秀所寫的四句詩。惠能一聽就知道這詩還沒見到佛性，於是向著走遠了的童子叫著：

「小師父！請問你唱的是什麼詩？」

「你這短嘴狗哪裡知道！」童子很不禮貌地說：「大師說，他將不久於人世，吩咐大家勤奮寫詩，發表修行的心得，以便尋找適當的人選，好把祖位傳授給他。我唱的這首是神秀上座所作的，寫在南廊的牆上，大師親自率領大家拈香禮拜，還要大家時時朗誦，說這樣就可不墮惡道，獲大利益！」說完了，偏著頭，雙手插腰，現出很神氣的模樣。惠能向童子合十行禮說：

「小師父！請你帶我到寫詩的牆下好嗎？我也要去禮拜禮拜！」

童子見他誠懇，也就答應了。來到南廊牆下，惠能虔誠地跪地三拜，然後對著身邊旁觀的一位在家居士張日用⑩說：

「在下不認識字，請先生為我念一念牆上的詩好嗎？」

張居士高聲朗誦著神秀的詩。惠能聽了說：

「在下心中也有一詩，還請先生為我寫在牆上好嗎？」

張居士現出一付輕蔑的神態說：「你也會作詩？這年頭真是怪事多了！」

惠能打恭作揖地笑著說：

「要想學習至尊至貴的真理，不可輕視後學！下下人說不定會有上上智；上上人也說不定只有下下智呢！如果輕視後學，那就會有無邊的罪過！請先生委屈一下如何？」

「是的，對不起！」張居士見他貌不驚人，卻談吐不凡，也就面露慚色地說：「請你念來，我替你寫上。將來你如果得道，做了祖師，還請先來度我！」惠能含笑點頭，然後不假思索地念出底下的千古名句：

菩提本無樹，明鏡亦非臺。
本來無一物，何處惹塵埃！⑪

張日用越寫越驚，不覺愣在牆下半晌。童子早就大喊了起來：「快來呀，又有人寫詩了！」眾僧陸續圍了過來，口中嘖嘖稱奇，都說人不可貌相！而惠能不知什麼時候，已經回到後院繼續舂米了，就像不曾發生這件事情一般！

弘忍大師在眾僧簇擁下，走了過來。看著牆上的詩句，大師心中一陣喜，一陣憂！喜的是，他終於找到一位適當的繼承人；憂的是，這時分明是衝著神秀寫的，而且作者竟是一個打雜的下人！他想著，今後為了傳法，恐怕難免要惹出爭端來了！弘忍想著、想著，腳上已經脫下了一隻布鞋來，他重重地往牆上直擦，口中還大聲喊著，彷彿深怕眾人聽不清楚似的：

「這詩還沒有見到自性，你們快點下去，按照神秀上座的詩句修行去！」

弘忍往丈室的方向走去，沉重地爬著一級又一級的臺階，彷彿背負著無形的重擔一般！眾僧白白歡喜一場，個個興味索然地回到自己的崗位上去。太陽已升得半天高，熱烘烘地照著死寂的寺院。一個年老的和尚叫著：「好像要下大雨了！」

【註釋】

①文出《全唐文》卷二三一〈大通禪師碑〉。此中，東山乃指憑墓山，乃相對西方相隔五六十里的雙峰山（破頭山）而言；雙峰山是禪宗四祖道信的道場。因此，所謂「東山之法」、「東山法門」，或「東山宗」，乃指弘忍所傳的禪法。

②此偈最後一句，敦煌本《壇經》作為「莫使有塵埃」。此中，「菩提」乃梵語，譯為覺悟或智慧。這首詩的大意是：修道人的身體是一株覺悟的智慧之樹，而其內心就像一座明亮鑑人的寶鏡；我們應該時時地努力擦拭保養它，不要讓這智慧之樹枯萎，也不要讓這靈明的內心蒙上灰塵！

③一日，長爪梵志（摩訶俱絺羅）往釋迦處辯論，釋迦設下兩難，梵志墮入而不能出。後因釋迦一語而得開悟，遂皈依佛門。天依懷頌禪師因而頌曰：「扁擔驀折兩頭脫，一毛頭上現乾坤！」詳《大智度論》卷一、《指月錄》卷一。

④原經說，盧珍乃是「供奉」。供奉乃官名；唐時凡以文學技藝擅長者，即供奉於內廷，並封為「供奉」。

⑤「楞伽經變」，即《楞伽經》的「變相」。所謂「變相」是將經中故事，以圖畫表示出來的一種藝術作品。又，「五祖血脈圖」乃將中國禪宗從初祖達摩到五祖弘忍之間的傳承，以圖畫表示出來的藝術作品。血脈，是比喻這種傳承如血脈交流一樣。又，《楞伽經》相傳是達摩初祖到弘忍五祖之間最尊重的一部經。惠能六祖後，則改為宗重《金剛經》。

⑥原經說，發現神秀詩的是盧珍，通知弘忍的也是盧珍。

⑦語出《金剛經》，全句是：「凡所有相皆是虛妄，若見諸相非相，即見如來！」大意是：「凡是有形有相的事物都是虛妄不實的；若了解這點，即能見佛成道！」

⑧洗腳一節，典出《全唐文》卷二三一「大通禪師碑」；原經缺。依印順法師《中國禪宗史》頁二〇一說，「洗腳」意味著弘忍有意將祖位傳給神秀。

⑨以沙比喻覺心、自性，請見黃檗禪師的《傳心法要》卷下。

⑩原經說，張日用乃江州別駕。江州位於現今湖北、江西間；別駕是官名。

⑪本偈敦煌本《壇經》有二：

菩提本無樹，明鏡亦無臺。
佛性常清淨，何處有塵埃！（其一）
心是菩提樹，身為明鏡臺。

明鏡本清淨，何處染塵埃！（其二）

這三首詩大同小異，意思是說：我們的身心都是虛幻不實的，哪裡有什麼真實的智慧之身、靈明之心呢！只要我們體會這個道理，那又有什麼煩惱可以像塵埃那樣地染汙我們的身心呢！

四、傳法

祖祖唯心旨，春融日正長。
霜輕莎草綠，風細藥苗香。
月滿真如淨，花開覺樹芳。
庭前鶯囀處，時聽語圓常。

——唐．常達詩

是日午齋後，果然下了一陣大雨！眾僧都躲在寮房休息。弘忍披著簑衣，戴著笠帽，扶著手杖，匆匆來到後院。惠能正在小屋舂米，弘忍推門進入，眼睛射出讚美的光芒說：

「求道的人，為了真理，都應該像你這樣，不辭辛勞地工作呀！」

惠能看到五祖駕臨，也不管地面的骯髒，一骨碌就跪拜在地上，雨水從弘忍的簑衣上滴下，滴在惠能的衣服以及頭臉上，五祖伸手扶起惠能，神采異樣地說：

「米舂好了沒有？」

「舂好很久了，只是缺少個篩子！」惠能回答說。這一問一答問，彷彿流露出無限的禪機！

弘忍點點頭，拿起枴杖在舂碓上敲了三下，然後頭也不回地走出屋外。屋外的桃樹上，一隻淋了一身雨的八哥，不知為何正高興地唱著美妙的曲子！

是夜三更，丈室燈火通明，五祖穿著代代相傳的紅色袈裟，垂眼靜坐。門外傳來三聲清脆篤定的敲門聲，五祖連眼皮也不抬一下。柴門咿呀地開開又關了起來，進來的正是衣著破爛的盧惠能！

惠能上前拜了三拜，五祖睜開雙眼，卻好像沒看到似地，獨自脫下袈裟，逕往窗邊走去。不一會兒工夫，窗戶已被袈裟密密遮住；丈室外只有依樣的月光、依樣的柳搖蛙鳴，再也看不到一點燈光了！

五祖一頁頁翻著經文，嘴裡不急不緩地喃喃說著；而惠能正聚精會神地聽講深奧難懂的《金剛經》。紅裡帶黃的燭火，熊熊地燃燒，霹霹拍拍放出火花，無量無邊的煩惱彷彿就在這火花中消失殆盡！惠能先是目瞪口呆，傾聽著，血脈狂流般地奔騰。漸漸地、漸漸地，他平靜了下來，綻出了喜悅的微笑；五祖的聲音，變成一首淳甜的老歌，綿綿密密地沁入他的心胸！當經文念到「應無所住而生其心」時，惠能觸電似地，全身顫抖了起來。而那弘忍大師，竟隨著裊裊上升的檀香，飛騰在半空中！芬芳的檀香，化出千萬朵白色的蓮花，五祖渾身放射金光，那正是源源不絕的真理之光！彷佛回到了老家，彷佛見到了白髮蒼蒼的老母，彷佛置身在故鄉一望無垠的菜花園裡，惠能淚水潸潸。流走滿腔滿腹的愚痴與辛酸吧，流出無窮無盡的覺性和喜悅吧！

五祖輕拍惠能的肩膀，慈祥地撫摸他的頭頂。宇宙間的所有事物似乎都改變了。每一本經書都是一朵蓮花，每一粒灰塵都顯現出千尊金佛；甚至丈室外的一景一物，也不知在什麼時候滲進牆來，歷歷分明地現在眼前！月光下，桃花開得分外豔紅，荷葉上瞌睡著的青蛙，像是半透明的古玉，放出美麗的青光。青山外，古樹下，獼猴熟睡；天之涯，海之濱，浪花似雪！這宇宙中的一切，彷佛具足在心田，從來不曾缺失！

每一件事物都從自性流露出來，每一眾生都是本心的化身！這中間，沒有美與惡的對立，沒有美與醜的區別；沒有喧囂，沒有憎恨，只有無邊無際的寂靜和清涼！生滅、一異、來去，乃至貧富、尊卑，這一切的一切，全都溶化在這無限的自性當中！這不正是夢寐以求的「正法眼藏」嗎？惠能不禁歡呼了起來，一字一句竟化做朵朵桃花，打從口裡飄出：

「沒想到自性原本是清淨無穢的！沒想到自性原本是不生不滅的！沒想到自性原本是具足一切的！沒想到自性原本是寂靜不動的！沒想到自性原本是能生萬物的！」

五祖知道惠能已經悟到了自性，很高興地說：

「不認識自性，再努力修行也沒有用；若認識了自性，才是大丈夫、天人師、佛！現在你已體悟了宇宙間最珍貴的真理，我就可以安心地把衣鉢和祖位傳授給你了；從現在起，你是本宗的第六代祖師！希望你廣度眾生，光大我佛救世濟人的本懷！」弘忍說著，取下窗上的袈裟，披在惠能的身上，然後唱了一首短歌：

有情來下種，因地果還生。
無情既無種，無性亦無生！①

唱完了歌，五祖指著惠能身上的袈裟繼續說：

「以前達摩祖師剛來我國，為了徵信國人，禪法確是釋迦所傳，因此以此袈裟做為信物。事實上，真理是無形無相，不可傳遞的，歷代祖師，不過是善用機緣，引發徒弟自證自悟而已！經云：眾生本具佛性。每一個有情自古就含藏著無窮無盡的自性寶藏！這袈裟是有形之物，容易引起是非爭端。從你開始，只傳無形的心法，不要再傳有形的衣缽；若傳衣缽，你的性命恐將難保！現在你趕快離開這裡，免得招惹殺身之禍！」

「弟子應該去哪裡？」惠能疑惑不解地問。

五祖說：

「你從九江驛②搭船離去，碰到了有『懷』字的地名，就留住下來；碰到了有『會』字的地名，就趕快隱居下來！」

「師父！」惠能仍然面露難色地說：「我是嶺南人，對這山上的地形不太清楚，請問九江驛是怎麼走的？」

「這樣吧，」弘忍說：「讓我送你一程！」

夜色蒼茫中，師徒二人連奔帶跑地下了憑墓山，來到九江驛。明月照得江水粼粼發亮，令人興起「得之一寸光，可買千里春」之嘆③！二人跳上一隻無主的小船，拿起艣槳，五祖往那江水撥去。惠能把槳搶了過來說：

「請師父休息，弟子來搖槳！」

「應該是我來渡你才對！」五祖微笑著說。

「迷的時候由師父『度』我，現在我已開悟，應該自『度』了！」惠能邊搖邊說。

「哈！哈！你老是喜歡跟我頂嘴；真是江山易改，本性難移啊！」五祖笑得很開心。

江中翻起一條白魚，激得水花四濺，月光下，像一粒粒珍珠似地直往船上飄來！惠能前俯後仰地搖著，艫槳噗噗拍在水面上，船到了江心。五祖遠望江邊點點燈火，又唱起歌來：

有情來下種，無情花即生，
無情又無種，心地亦無生！④

不一會兒，船就到了對岸，五祖說：

「你快上岸去，以後佛法全靠你了！我已老朽，三年後即將離開人間。你最好一直向南走，不要急著出來說法，否則會有大難！」說著，撥槳搖了兩下，將船滑入江中。惠能向五祖一再地拜謝，直到看不到船的影子，才向南方匆匆奔去。

回到東禪寺，天色已經微明，眾僧正在殿裡早課。弘忍把神秀叫進丈室。室內的門窗緊緊閉著，半晌，只聽到丈室裡傳來嗚咽的哭聲，神秀掩面衝出門來，直往憑墓山下奔去！此後二三十年間，誰也不知道神秀的行蹤，有人說他正在深山裡苦修，有人說他已還俗做了普通的百姓⑤。直到八十五歲那年，他才再度出來說法。十一年後，以九六高齡，接受則天皇帝的徵召，入宮供養，成為江北禪宗（漸禪）的一代高僧！⑥

半個月來，東禪寺似乎醞釀著大風暴。南廊的詩句、神秀的哭泣、惠能的失蹤，在在都讓寺僧感到不解。今天，情形更加令人狐疑了，弘忍大師停止了例常的說法，連丈室也不踏出一步！一千多名寺僧漸漸騷動起來。是夜晚課後，眾僧終於推派一位代表，來到丈室。

「請問師父，是不是有什麼不舒服的地方？或是我等招惹師父令師父煩惱？」代表怯怯說著。

「唉！病是沒有，也沒什麼大不了的煩惱！」弘忍一動也不動地坐著，連眼都不睜開地說：「而是衣缽已流到了南方，我想我也該休息幾天。」

「請問師父，是誰拿走了衣缽？」代表僧奇怪地問。

「能力強的人拿去了！希望大家不要輕舉妄動！」弘忍說，像隨時都準備接受突來的打擊一般。

代表僧聽到了這話，驚得目瞪口呆，一時之間也沒有弄清楚，是大師親傳衣缽？或是歹徒強搶而去？這一切來得太過突然，卻再也明白不過；神秀的哭泣、惠能的失蹤，以及大師的神情，在在都印證了他的想法！他奔出丈室，連柴門都忘了關上。眾僧聽到報告，整座寺院立刻陷入紛亂當中。大家七嘴八舌地議論著。突然，一個粗眼濃眉的和尚闖了出來說：

「這短嘴狗竟敢搶奪大師的衣缽！大家快把他追回來！」

眾僧附合著。不一會兒，數百支熊熊燃燒的火把，沿著崎嶇的山路，像火蛇一樣地通到山腳下。義憤填膺的僧人，浩浩蕩蕩地直往九江驛奔去！

【註釋】

① 本偈敦煌本《壇經》第四十九節作：

有情來下種，無情花即生。
無情又無種，心地亦無生。

這兩首詩大意是：有情感的眾生，由於具有靈明不滅的自性，因此，只要遇到明師指點，機緣成熟，即可像植物一般，開花結果。相反地，若是沒有情感的草木石頭，既然不具有靈明的自性，那麼就不可能生出智慧，解脫成佛了！

②即九江府潯陽驛。九江府在今江西省，離憑墓山相當遠，故印順法師在其《中國禪宗史》第五章說，五祖連夜送至九江驛之說，不可輕信！本書仍依原經所說。

③唐．賈島詩。前二句是：「海底有明月，圓於天上輪。」

④見註①。

⑤詳《全唐文》卷二三一〈大通禪師碑〉及《傳法寶記》。

⑥詳《傳法寶記》、《歷代法寶記》。此中北禪（漸禪）乃相對南禪（頓禪）而言。神秀在江北傳法，其主張是漸修成佛，故稱北禪或漸禪；惠能在江南傳法，其主張是頓悟見性，故稱南禪或頓禪（參閱本書第十七章「南能北秀」。）

五、大禹嶺

浮雲天地闊，冷煖曷須爭？
智慧形骸外，心同死水清！

——隋．本濟詩

離開憑墓山，轉眼已經兩個多月了，惠能日夜趕路，不覺來到了險峻難行的大禹嶺；那是江西省的邊界，再往南走，就進入嶺南故鄉了！嶺上霧氣騰騰，白雲靄靄，一層又一層的山巒，像巨浪一樣地湧向虛無縹緲間！小徑上，一位白髮蒼蒼的老和尚，背著滿滿一袋的破舊經書，一跛一跛地迎面唱了過來，蒼老的歌聲，迴盪在群山眾壑之間，格外顯得悲愴悽涼！

鳳麟不可遇，慧可無處尋。
僕僕山與水，幸免雪霜侵。
雪霜侵我久，春風護叢林。
白頭人健朗，尚能伴客吟！①

惠能聽著聽著，想起東禪寺的一景一物，不禁熱切地思念起來！五祖的莊嚴尊貴、自己的卑微低賤，還有今後所要背負的弘法重任，都隨著老人的歌聲，在心中翻騰！一幕幕的往事，像春夢般地影現又消逝，惠能禁不住也吟起《金剛經》的四句偈來：

一切有為法，如夢幻泡影。
如露亦如電，應作如是觀！

突然，嶺腰傳來陣陣呼喝之聲，這聲音越傳越近，正狐疑中，草叢裡鑽出一個人來，這不正是東禪寺的和尚嗎？惠能愣了一下，幾乎叫出口來！這和尚俗姓陳，名惠明，年輕時官拜四品將軍，是個粗魯爽直的修行人。②

「短嘴狗！看你往哪裡逃！」陳惠明大聲吼著。六祖惠能見他來勢洶洶，一轉身，直往亂石堆裡竄去，剎那間，已消失在濃雲密霧之中。惠明三步兩跳地跟了上來，只見石影幢幢，聳立在黑霧當中，恰似無數個六祖立在眼前！「嗯！那短嘴狗躲在這裡！」惠明心中喊著。他向一塊石頭重重地拍去，轟隆一聲，震得周遭的松樹嘩嘩作響，石塊已被打碎一角，卻哪裡有六祖的半點影子！惠明雙手感到刺痛難忍，唉喲一聲，向後倒退了幾步，一個踉蹌，已掉入萬丈深淵裡去！只覺寒風颼颼，一件紅色袈裟舒展過來，直往下墜的惠明，又被捲上崖來，滴滴冷汗，從惠明的額角滲了出來！當他驚魂甫定，只見一條人影，夾著袈裟迅速地消失在亂石雜草中！

陳惠明仍不死心，繼續追趕著，卻也打從心底，感激六祖的救命之恩。他跌跌撞撞地直往草叢奔去，雙手腫得像腳板一樣的厚，還不時淌著血水！恍惚間，六祖的影子又出現在眼前，陳惠明精神一振，躡手躡腳地抄到人影的背後潛進。眼看著伸手即可逮住，六祖卻又飛也似地往前飄了幾步。從此，兩人一前一後地追逐著，相距不過三兩步之遙！當他快時，六祖也跟著快；當他放慢了腳步，六祖也跟著慢了下來；「這小子似乎有意跟我玩起捉迷藏來！」他想。越追越覺吃力，今朝要逮住這短嘴狗是萬萬不可能了，大顆大顆的汗珠，像雨水一樣地滾了下來！他忍不住大聲命令著：

「你還不快點給我停下來！」

「哈哈！我老早就停下來了，是你一直不肯停下來的！」六祖輕鬆地回答著。惠明一聽這話，猛然想起「指鬘大盜」的故事③，心中不禁興起無名的恐怖。一個不留神，絆倒在地上，再一爬起，六祖的影子已不知去向了！

高山上，盛夏的夕陽，自密密的松樹林外斜射進來，映照在青苔石上，倒也覺得溫和可愛！惠明疲倦地躺在草堆裡，不覺昏昏睡去。醒來時，已是皓月當空；山腰下燈火點點，還夾著喧鬧的人聲傳上山來。「眾兄弟還在找著呢！」惠明想。突然，前方不遠處射來一道紅光，惠明心頭一凜，近前一看，才知道竟是弘忍大師的袈裟，好端端地披在一塊大石頭上！惠明伸手就抓，沒想到一件斤來重的袈裟，竟像和大石塊結成一體似的！惠明拉也拉不動，卻反被袈裟的彈力彈上了半空中，噗吱一聲，狠狠地跌在枯樹的枝椏上！他哀哀叫痛起來，心中來回思量著：「難道他真的得到了五祖的真傳？要不然怎來的這無邊法力！」他想著想著，兩腳慢慢地跪了下來！

「行者！行者！我知道錯了！」惠明哀哀祈求著：「我為真理而來，我為佛法而來，不是為爭奪祖衣、祖位而來，請您現身為我說法！」

惠明的話剛說完，大師就現身出來，端坐在披著袈裟的大石上。

「你既為真理而來，就應該知道這衣缽乃是本宗的信物，真理的代表，並不是用暴力就可以得到的！」六祖說：「要知道，魁梧健碩的勇夫力士，不必一定擁有真理，榮華富貴的王公巨賈，也不必一定擁有真理；而卑賤貧困如我惠能者，也不必一定遠離真理！真理沒有形相，真理永恆不朽；真理是堅忍不拔，廣度眾生的佛陀化身！因此，真理必須以廣博平等的慈悲心，才能求得！只有超越是非、善惡、怨親、美醜、生滅的矛盾對立，入於平等無有差別的心境當中，才能沐浴在真理的光輝當中！現在，你什麼也不要煩惱，待我為你指點真理的真面目！」

惠明閉目靜思。六祖慈祥地摸著惠明的頭頂說：

「不思善、不思惡，平等而無有差別的慈光之下，什麼是惠明的佛性？什麼是惠明的本來面目？」

惠明一聽，像電光石火似地開悟了！他高興得說不出話來，半晌，才淚流滿面地繼續說：

「請問大師！除了剛才的祕語祕意之外，還有沒有什麼更加祕密的真理可以指示我的？」

「可以指示的就不是真正的祕密，也不是真正的真理！」惠能說：「最最祕密的真理，本來就具足在你心中；就像一朵蓮花密藏著一顆珍貴的夜明珠一樣！」

惠明聽了這話，就像貧家女從自己的懷裡翻出一件瑰寶一樣的高興，他遙向憑墓山拜了一拜，然後對著六祖感激涕零地說：

「惠明雖在東禪寺已經多年，實在還沒有看見自己的心性，辜負了弘忍大師的一番苦心！如今承蒙大師開示，才知道自己的本來面目，那真是如人飲水，冷暖自知呀！俗語說得好，一日為師，終生為父！現在請接受弟子一拜！」說著就往地下跪了下去。惠能趕緊過去攙起，然後拍拍他的肩膀說：

「你我都是弘忍大師的徒弟，只不過我運氣好，比師兄略早得道，還請師兄不要過分客氣！」

惠明拍了拍身上的灰塵，又說：

「我已沐浴在真理的光芒當中，今後不必再回到憑墓山了，不知我該往哪裡去廣度眾生？」

「碰到有『袁』字的地名，就在那兒停留下來；遇到有『蒙』字的地名，就在那兒居住下來！」惠能指示著④。半晌又繼續說：

「還有，下了嶺不必告訴他們我已得了五祖的真傳，以免招來猜忌，反倒害了你自己！」

惠明拜謝了六祖，來到嶺下，眾僧們都圍攏他，等待消息。惠明很想實說，以洗雪六祖的冤曲，但大師的叮嚀縈繞在耳，只得輕描淡寫不露痕跡地說：

「嶺上不必找了！我已去過，連一個人影兒也沒有！咱們再往別地方去吧！」

於是眾僧們紛紛離開了大禹嶺；只見金色的曙光，寂寂反照著巍峨的嶺巔！惠能在晨光下翻過了嶺巔，紅色的袈裟，迎著嶺風飄了起來，彷彿雲遊的神仙一般，嶺南傳來嘹亮的歌聲，那定是大師又唱起《金剛經》的詩偈來了！

一切有為法，如夢幻泡影。
如露亦如電，應作如是觀！

【註釋】

①隋，智果詩。此中慧可乃中國禪宗第二代祖師。又，老人吟詩一節，原經缺，乃筆者所添足

者。

②惠明，又作慧明；敦煌本《壇經》作惠順，並說是三品將軍；江西鄱陽人。經中說，後來為了避諱六祖之名，改名「道明」。日人柳田聖山之《中國初期禪宗史書之研究》以為，惠能弟子神會，為了影射《宋僧傳》卷二所載之佛川慧明，因此杜撰惠明求法一事。柳氏並據而否定《壇經》乃惠能所說之舊說。然印順法師之《中國禪宗史》五章三節卻列舉詳細的文獻，否定柳氏的主張。

③指鬘大盜，又譯為「鴦崛魔羅」，乃佛陀時代印度王舍城的大盜，信奉殺人即可享福、解脫之邪教，因而殺害王舍城的百姓九百九十九人，並各切一指，飾於頭上，故稱「指鬘」！其後，又想殺母以湊足千人，佛陀憫之，即以本文所述的方法勸化他，最後棄刃皈依佛陀。詳《指月錄》卷二；又，《西域記》卷六、《經律異相》卷十七、《賢愚因緣經》卷八，及《央崛魔羅經》等。

④後來惠明住在袁州蒙山，相當今天之江西省新喻縣；因此，惠明又叫「蒙山惠明」，以有別於佛川惠明。參見註②。又，蒙山，《曹溪大師別傳》作「濛山」，《歷代法寶記》作「象山」，皆為「蒙山」之訛寫。

六、隱遁

從征萬里走風沙，南北東西總是家。
落得胸中空索索，凝然心是白蓮花！

——元．從源詩

一日，惠能來到了故鄉嶺南韶川的曹侯村①，那正是天高氣爽的秋天，故鄉的田野開滿了一望無際的黃色油菜花！籍籍無名的貧困修道士，即使回到了家鄉，也都不會有人認得。故鄉的山特別翠綠，故鄉的風特別溫和；故鄉的一切，似乎都特別美好！

惠能剛剛踏入曹侯村不久，就碰到一個名叫劉志略的書生。二人一見如故，義結為兄弟，惠能也就暫時住在劉家的宅院裡。②

志略有一姑姑，就在離村不遠的一間寺廟裡出家為尼，名叫「無盡藏」。這無盡藏尼平日常誦《大涅槃經》③，精通佛理。有一天，惠能隨著志略來到無盡藏的廟裡。這是一座清幽的小寺，傍山臨水，鳥語花香，真是個理想的修行道場。他們三人寒暄了一番，坐定下來品著香茗。女尼手拿《大涅槃經》對惠能說：

「聽賢姪說，您對佛法有深入的研究，這《大涅槃經》貧尼雖已研讀多年，卻仍有多處不甚了了，還請不吝指教！」說著說著，將經本湊到惠能跟前。

「實不相瞞，在下實在不認識字！」惠能揖手作禮說：「不過，請您把經文念出聲，或許在下可以略解其中的真理！」

「您開玩笑了！連字都不認得，怎麼能了解其中的真理呢？」無盡藏說著，堆出責怪疑惑的笑容。

「真理是與文字無關的！」惠能滔滔不絕地說：「真理像天上的明月，像晴空的飛鳥，像山野裡的野菊花，而文字卻像您我的手指；手指可以指出明月、飛鳥、菊花的所在，但手指卻不是明月、飛鳥或菊花！看月、看鳥、看花，也不必一定透過手指！」

女尼聽了這話，不覺又驚又敬，沒想到一個貧困樸實的鄉下人，卻能說出這大套道理來，口裡不禁直說：「敬佩！敬佩！真是百聞不如一見！」劉志略在旁揶揄著說：

「姑姑！不，不！大師父！我說不賴就不賴吧？」說著就扮了一個鬼臉。無盡藏沒好氣地白了一眼，笑咪咪地又對惠能說：

「我這寶貝姪兒，不學佛法，還望多多指點！」

「不敢，不敢！」惠能打揖說。

是日，三人談得非常開心，直到夕陽西下，還捨不得散去。斜陽中，秋風吹得黃澄澄的油菜花輕波盪漾；山腳下，牧童騎在牛背上橫吹著短笛。一個十七八歲的少女，蹲在小河邊，浣著衣，輕輕哼起山歌來：

秋天的美景稀落落地浮現眼前
你是一片逐風的孤雲
我是一隻嚮往晴空的秋鳥
笑看你的影子自無垠的
菜花園上飄過④

惠能的德行漸漸傳遍了整個曹侯村，終於傳入了曹叔良的耳裡。曹叔良是魏武侯曹操的遠孫，平日修橋鋪路，燒香拜佛，一遇戰亂饑荒，則開放銀庫、糧倉，做起救災的工作來，因此村民都叫他曹善人。曹善人拜見惠能之後，二人日日夜夜討論著宇宙人生的道理，漸漸地對惠能生起由衷的敬仰，總想找個機會報答惠能的教導之恩！

一日，曹善人領著僕從，來到了村外的山裡散心。這山，流出了一條潺潺的河水，附近的村民都叫它為曹溪。曹溪的上游有一座古廟，名叫寶林寺，相傳是武帝時代，一個叫做智藥的印度和尚所倡建的。傳說中，智藥禪師曾經在一百多年前（大約離現在一千四百多年前），來到曹溪的上游，看到瑩潔清澈的溪水，忍不住掬了一杯喝了起來。喝著喝著，智藥禪師心裡若有所悟，不禁大叫起來：「沒想到這水那麼甘甜，就像故鄉寶林山的泉水一樣！」智藥興奮地四處奔跑，告訴附近的村民：「一百七十年後，有一位可敬的肉身菩薩，將在這裡演說世間最高深的佛法。他是佛陀的真傳，受他感化而得道的，就像這山裡的草木那麼多！你們趕快在這裡建築一座寺廟，並命名為寶林寺，以便等待這位肉身菩薩的來臨！」說完了，翻過了山頭，消失在山的那一邊。虔誠的村民們，把這預言報告了地方官侯敬中，侯敬中馬上就籌款建寺。當時的皇上梁武帝，也頒發一面匾額，上面寫著「寶林寺」三個字，高高掛在寺院的大門口！⑤

曹善人一行來到曹溪的上游，眼看古老的寶林寺已隨著連年的戰火變成了廢墟，斷垣殘壁，沒有一處端正的棟梁，沒有一片完整的屋瓦，不禁悲從中來，唉聲嘆氣，感慨萬千！正唏噓間，曹善人想起了智藥禪師的傳說，心中像電光石火閃過了一個念頭：「難道智藥禪師所說的肉身菩薩，竟是借住劉家的那位行者！」他屈指一算，打從智藥禪師做了預言一直到今年，還差十六年⑥。「但是……但是……或許是年代太久，我算錯了吧！」曹善人自言自語地說著，高興得跳了起來，他連奔帶跑地回到家裡，立刻籌款翻修寶林古廟！

不多時，經過曹善人和全村村民的辛勞工作，寶林古寺已經煥然一新，洪鐘大鼓又朝朝暮暮地敲打起來，山上的小鳥更加雀躍，溪裡的游魚更加活潑！惠能被村民恭恭敬敬地迎入廟裡，就這樣開始了他的弘法大業。不知不覺間已經過了九個多月。

但，好景不常。在一個月黑風高的夜晚，一群和尚舉著熊熊的火把，來到了寶林寺；那正是憑墓山東禪寺的僧人們，千里迢迢，追蹤而來！寶林寺新修的大門，轟隆一聲，被眾僧踢破，數十個和尚躡手躡腳地潛到惠能的臥房裡。昏黃的燈光下，惠能身披紅色袈裟，正靜坐冥想。突然一陣掌風直向惠能逼去，燈火被吹打得搖晃不定；「還不快交出衣缽來！」傳來的竟是一個小沙彌的聲音！只見惠能騰空飛起，臥房的牆角已被打出了一個大洞。濛濛塵霧中，惠能夾著衣缽，早已飛也似地搶出了臥房，直往大雄寶殿奔去！

大雄寶殿裡，燈火通明，金色的釋迦佛閉目垂眼，神祕地微笑著，彷彿早已料到一千多年後，此時此地此景！小沙彌和眾僧人都隨著追進殿來，卻哪裡有惠能的影子！不一會兒，只聽得殿裡歌聲迴盪，直震得佛龕上的銅磬嗡嗡作響，唱著的正是當時流傳在民間的寒山詩：⑦

我見百十狗，個個毛鬇鬡。（ㄓㄥ ㄋㄧㄥˊ zhēng níng）
臥者樂自臥，行者樂自行。
投之一塊骨，相與啀喍（ㄧㄞˊ ㄔㄞˊ yái chái）爭。
良由為骨少，狗多分不平！

歌聲甫停，大殿梁上跳下一個人來，那是六祖大師盧惠能！小沙彌一躍而上大叫著：「好哇！你這短嘴狗，竟會咬文嚼字罵人！待我也來唱一首與你和一和！」說著說著，小沙彌也唱出了一首寒山詩：

身著空花衣，足躡龜毛履。
手把兔角弓，擬射無明鬼！

這歌聲雖說天真無邪，卻如利刃鋼針般地直往惠能耳膜激射過來，惠能心頭一驚，默默讚歎著：「沒想到這傢伙小小年紀，卻學得這麼一身好功夫！」但他也不慌不忙地將袈裟一揚，撲在小沙彌的身上，然後往後躍出數丈說：

「小師父！得罪了！」

小沙彌跌在地上打了好幾個滾，滿面泥灰地站了起來，直往一個中年和尚的懷裡投去！

「師父！那短嘴狗欺負我！」小沙彌紅著眼說。

這中年和尚點點頭，直盯著佛像背後的黑暗處。他慢慢舉起了雙手，一股排山倒海的掌力，直向佛像背後逼去！突然，殿裡又傳出了歌聲，這歌聲唱的雖然仍是寒山詩，卻顯得哀怨悽涼，站在殿裡的師父們，除了定力深厚的少數幾位，其他都狼狽不堪地紛紛落淚！小沙彌拉拉中年和尚的衣角說：「師父！他好可憐喔，我們不要再打他了！」中年和尚慢慢收回他的雙掌，只覺得全心全神都被攝在歌聲當中，幾乎要昏厥過去！

眾星羅列夜深明，巖點孤燈月未沉。
圓滿光華不磨瑩，掛在青天是我心！

歌聲停了，眾僧像做了一場惡夢一樣地甦醒過來，個個面現愧色，大顆汗珠自額頭直滲出來了！那中年和尚舉起雙手，正想蓄力再拍出一掌，卻聽到咻咻數聲，燈火全被惠能的掌風打熄了，大雄寶殿一片漆黑！混亂中，一條人影閃出了大殿，待一定神，六祖大師已翻過山頭，消失得無影無蹤了！

六祖一口氣奔出了三四十里，來到了一座怪石嶙峋的山峰上。正想停下休息，卻見熊熊火光已向自己圍來；東禪寺的和尚武功不弱，個個都追了上來！這火光越來越近，仔細一看，才知道是眾僧放火燒山！火勢越燒越猛，把整座小山照得如同白晝一般，惠能咳了幾聲，刺鼻的濃煙隨著熱烘烘的火燄，陣陣襲了過來！惠能心想：「眾生未度、大道未弘，就這般死去，實在太辜負了弘忍大師！這回怎生是好？」突然靈光一現，想起迦葉祖師在鷄足山禪定入石的法門，這法門，弘忍大師曾在九江船上祕傳給他。於是一個箭步，搶到了一塊大石頭上，剎那間，惠能以甚深的定力，神不知鬼不覺地隱入了大石當中⑧！

烈火延燒了好幾個時辰，大石中禪定著的惠能，卻有如置身清風明月的境界當中，滿身的舒暢，滿心的禪悅。朦朧中，只聽到那個中年和尚的聲音傳進石頭中來：「唉！找不到他，本宗的宗風豈不是從此敗壞了嗎？真是造孽呀！」

惠能心中說著：「好師兄！您們都誤會我了！我豈是忘恩負義，欺師滅祖之輩！等待機緣一到，我將會回報我對您們的一份歉疚啊！」

經過一兩個時辰，周遭終於恢復了平靜，惠能撥石而出，只見大片的山峰黑石幢幢，花草樹木都被燒成灰燼！盛夏的陽光直射在身上，大地熱氣騰騰，不覺熱了起來。惠能整飭了一下服裝，心想曹溪已非久留之地，於是向曹溪打了一揖，遙拜曹侯村的村民，就下了山來，一時之間也不知往哪裡去才好！

惠能向南方流浪著、流浪著，不覺來到了懷集、四會之間（今廣東、廣西的交界處）。他想起了臨別前弘忍大師的指示：「碰到有『懷』字的地名，就停留下來；遇到有『會』字的地名，就隱居起來！」於是惠能便決定住在懷集、四會之間了。

從此以後，惠能藏在獵人隊裡，過著打獵的生活。吃的是肉邊菜，還時常偷偷把獵人捉回的弱小獵物放生回去！獵人一不高興，他就跟他們開講慈悲愛物的道理，不多時，竟也有人信受於他，與他學習佛法哩！這樣，不知不覺過了十五年，這時惠能已接近不惑之年了！⑨

【註釋】

① 此村乃三國時魏武侯曹操的故居，故名曹侯村，位於現今廣東曲江縣境。

② 有關劉志略、無盡藏姑姪一節，《曹溪大師別傳》說是發生在惠能往黃梅求法的途中，並非得道以後。又，此段故事，敦煌本缺，曹溪本則置於〈機緣品〉第七。而本書所依之「至元本」（大正藏本），亦置於〈機緣品〉第七。現為了情節的需要，謹依台北慧炬社六十五年《壇經》版，將此節故事置於本章。（又，請參見本書第30頁注釋②）。

③ 《大般涅槃經》，或簡為《大涅槃經》、《涅槃經》，乃詳論「佛性」的有名經典，影響中國佛教至深且鉅。此經主張眾生皆有佛性，連「一闡提」——罪大惡極之人，也不斷佛性，終會成佛。

④ 此詩乃筆者拙作，曾發表在《笠》詩刊九五期二五頁，一九八〇年二月號。

⑤ 有關智藥的預言，詳《全唐文》卷九一二〈瘞髮塔記〉一文。

⑥ 惠能後來在獵人隊裡隱遁十五年，再度回到寶林寺已是十六年後了。詳下文及註⑨。

⑦ 寒山，唐貞觀時之瘋顛詩僧，年紀較惠能稍大。其詩樸實無華，因其為人，不為時僧所重，卻廣泛流傳於民間。又，惠能吟詩一節乃作者杜撰。

⑧原經說，這塊石頭至今還有趺坐的厀痕以及衣布的紋跡，因此稱為「避難石」。又，入石避難一節敦煌本缺。

⑨有關惠能隱居的年數有許多不同的說法：三年和五年是來自同一傳說；十五、十六年也同是來自另一傳說。最初的傳說是《曹溪大師別傳》的五年說，之後才演化出其他不同的說法。因此，惠能真正隱居的年數應是五年，而不是本書所說的十五年！詳印順法師之《中國禪宗史》五章三節。

七、春歸①

滄海客，何日捨孤舟？
記否江南紅蓼岸，
芒鞋錫杖瞰清流，含笑狎閒鷗！

——宋．文瑩詞

一日，正是一年一度的除夕夜，再過幾個時辰，惠能就三十九歲了！寒風瑟瑟中，家家燈火通明，都忙著準備過新年。獵人的生活是自由豪邁的，卻也掩不住幾分落寞和孤寂！惠能獨自坐在屋角，屋裡的兄弟，正呼喝猜拳，猛灌辛辣的烈酒。惠能噩噩地瞪著他們，不禁思潮起伏，如澎湃奔騰的潮水一般。十五年來，翻山越嶺，流浪天涯，受盡了人間苦樂，卻也佛性越磨越明，道行越練越深！東禪寺的一景一物，乘著澎湃的思潮，一幕幕映現腦海！然而，白雲蒼狗，想必人事已經全非，往日的種種恩怨，隨著無情歲月，也被風吹雨打去了！

「老弟！你也來一杯嘛！」一個五十出頭的伙伴撇過頭來向惠能說，他是獵人隊裡的老大。

「謝了，我想靜一靜。」惠能說。

「想家嗎？」那伙伴問著，惠能苦笑了一聲。

「別他媽的裝模作樣了！」一個滿腮鬍鬚的伙伴自顧自地喝酒，卻衝著惠能大叫了起來：「你想家？你以為只有你一個人想家呀！」

大伙安靜了下來，周遭只是嗶嗶剝剝的燭火聲和著風切夜窗的喀喀聲！一股沉悶難耐的氣氛，頓時籠罩著屋裡。半晌，那五十出頭的老大又說：

「唉！三弟如果也在，那就好了！」

「三弟？哼！他應該生活得不錯吧！」答腔的又是那個滿腮鬍鬚的伙伴。他拍著桌子，酒水打從杯裡濺了出來：「聽說他已中了鄉試，卻把我們這些出生入死的弟兄都撇下了，他不認我們，我們幹嘛去想他！二十年來，這屋子來來去去不知已經多少人了，幹我們這行的就是要狠心，別他媽的婆婆媽媽晦氣！」

大伙兒瞪了他一眼，不約而同地舉起酒杯一咕嚕喝了下去！一個年紀二十出頭，皮膚白嫩的兄弟，猛站了起來，走到窗下，望著窗外的夜景。他年紀最輕、教養最好，平日常與惠能談論佛法。只見他呆立了一會兒，斷斷續續吟起歌來，低沉嘶啞的聲音，迴盪整個木屋：

莽莽中原暮，悠悠去岫雲。
千金輕一別，百計重論文。
易地心如我，多愁我似君。
今宵山月白，獨雁怯先聞！②

那鬍腮又拍著桌子，大叫起來：

「你他媽的別裝學問好！你不會唱一首大家熟悉的歌嗎？」

惠能望一望那鬍腮，又望一望那小伙子的背影。只見那小伙子手叉背後，頭也不回地又唱起《詩經》裡的一首老歌來：

蜉蝣之羽，衣裳楚楚。
心之憂矣，於我歸處！
蜉蝣之翼，采采衣服。
心之憂矣，於我歸息！
蜉蝣掘閱，麻衣如雪，
心之憂矣，於我歸說！（〈蜉蝣〉）

這獵人隊裡都是老粗，如何知道他唱的是什麼！只是，四五年前，自從這小伙子來到了這獵人隊裡，大伙兒就一直聽他唱著這首歌，起先雖然也有人討厭它，久而久之，這歌幾乎變成了他們消愁解悶的隊歌了！燭火明滅中，大伙兒打著節拍，搖頭晃腦地合唱著；幾次迴轉，歌聲由慢變快，由中和疊成悽厲，有幾個年紀較輕的兄弟，已經勾肩搭背，跌跌撞撞地跳起舞來！惠能冷眼看著窗下的小伙子，只見他依然面向窗外，手叉背後，獨自唱著，彷佛這屋內的兄弟都與他無關一般！

這小伙子原本是富家子弟，從小就在私塾念了不少詩書；只是父母早亡，家道中落，又遭到情人的拋棄，因此浪跡獵人隊裡，過著苟且偷生的生活。四五年來，惠能和他談了很多，深深同情他的遭遇，他也因此略通佛法。只是一者年輕氣盛，雄心未泯。二者往事難忘，創傷難癒，因此鬱鬱寡歡，常常消磨在這一首自怨又自艾的悲歌當中！

眾兄弟邊唱、邊跳、邊喝著烈酒，不覺已是酩酊大醉，屋內椅翻桌倒，一地的酒壺和杯盤！忽然，一聲狂嘯，歌聲戛然而止，眾兄弟擁在一齊，哈哈大笑地倒在地上，不一會兒就呼呼大睡起來了！那唱歌的小伙子，依然佇立在夜窗下，半晌，旁若無人地回到自己的臥房，燭光下，蒼白清秀的臉上閃著兩道淚痕。惠能仍然一動也不動地坐在屋角，四五年來，這情景已不知重現在眼前多少次了，對他來講，這歌聲、酒氣，還有滿屋的狼藉，一點都不覺得奇怪！

惠能在屋角來回踱著，老大的唏噓、鬍腮的感嘆，還有小伙子的悲歌，一幕幕縈繞在腦海裡。他踱著、想著，似乎有重大的心事不能解決似的，偶而也像小伙子一般，站在窗下，手叉背後，茫茫然盯著窗外。這樣，不知過了多少時辰，只聽得遠處傳來嗶剝的爆竹聲，「那是守歲的山上人家正在報春吧？」他想：「爆竹聲中除舊歲，梅花香裡迎新春！」終於他喃喃地說：「這正是我下山弘法的時候了！」

惠能迅速收拾了簡單的包袱，輕輕打開柴門，躡手躡腳地走出屋外，深怕驚醒了屋裡的伙伴。在這無星無月，只有滿天烏雲的除夕夜裡，獨自摸索著下了山來。來到了半山腰，只聽得木屋又傳來悽厲的歌聲：

竄向黑暗的北方
創傷爬滿身上
西風應是一雙愛撫的
小手擁抱我入眠過冬！③
……

惠能佇腳聽著，猛回頭遙望燭光閃閃的木屋，黯然的話又響在耳邊，不禁猶豫起來！多年的相處，患難與共，一時之間就此分別，卻也覺得依依不捨！然而弘忍大師的臨別遺訓，釋迦佛陀的慈悲召喚，使得六祖惠能，時時肩負救世濟人的重擔，不得不奮身脫出這凡情俗務的罟（ㄍㄨˇ gǔ）網，直向山下奔去！走著走著，歌聲已經遙遠得斷斷續續不成韻調，在惠能聽來，那似乎變成了一聲聲珍重再見，珍重再見！

惠能日夜不停地走著，一日，回到了他的故鄉——廣東新興縣的老家。闊別十五年的老家，看起來依然那樣的親切！在這寒氣未消的初春裡，沒有黃澄澄的稻禾，沒有一望無垠的油菜花，卻依然有楊樹新抽的嫩芽，綠油油地爆出在枝頭！雪白的楊花，隨風飄舞著，落得滿身、滿地、滿池塘！田野裡村童三五成群，玩著遊戲，放著花爆，這是一幅嶺南新年的景象！竹籬內，古井一口，一隻老態龍鍾的小花狗，盯著惠能嗚嗚叫著，最後竟然搖起尾巴，彷彿見到了什麼親人似的！「這不是忠狗小花嗎！」惠能心裡叫著，雙眼閃著異樣的光芒。他一邊撫摸著小狗的身體，一邊輕輕扣著柴扉，開門的是一個七八歲的小姑娘，穿著新衣，打扮得十分可愛。

「有什麼事嗎？」

惠能心頭感到一陣辛酸，莫非年老的慈母已經去世？面對著一個不懂人事的小女孩，他竟含羞怯怯地說：

「我是過路人，請給我一杯水好嗎？」

「請等一下！」小姑娘說。

突然，屋裡傳來沙啞蒼老的聲音：

「是誰呀?小紅!」原來這女孩叫小紅。惠能興奮得叫了起來!那正是母親慈祥的聲音!十五年來,在夢中不知聽了多少次的聲音!惠能很想衝進屋去,猛一回想,自己一事無成,身上又是這般打扮,如何不傷慈母的心!正躑躅(ㄓˊ ㄓㄨˊ zhí zhú)中,只見小女孩三跳兩躍地進了屋裡,結在頭上的兩條紅彩帶,前後晃著,活似兩隻翩翩飛舞著的蝴蝶。

「是一個過路的,」屋裡傳來女孩的聲音:「他滿臉鬍子,好像達摩祖師呢!」惠能聽著,苦笑了一聲。

「別胡說!」又是那刻骨銘心的聲音!

不一會兒,小姑娘端了一大碗開水出來,交給了惠能,然後好奇地說:

「喂!你是不是達摩祖師呀?」

「你怎麼知道達摩祖師?」惠能邊喝邊問。

「是老太太告訴我的,她房子裡有一張達摩祖師的圖畫,跟你一模一樣!老太太還天天燒香拜拜呢?」

「喔!真的嗎?」

「當然真的!老太太說,她的兒子好了不起喔,現在也當達摩祖師呢!」小姑娘說著,又拉拉惠能的衣角:「喂,你是不是達摩祖師呀?」

惠能心頭一凜，原來五祖衣鉢南傳的事情，母親也知道了，不覺心頭放寬了許多。這些年來，雖然沒有什麼成就，卻也榮膺祖位，總算對得起母親和列祖列宗了！惠能喝完了水，把碗交給了小姑娘，然後又問：

「你是老太太的什麼人？」

「我家住在那邊。」小女孩指著不遠的一棟茅屋說：「我媽叫我來陪老太太玩。」原來那是鄰居的女兒，惠能想著，又問：

「老太太身體好嗎？」

「她身體好好喔！」小女孩得意洋洋地說：「她每天很早就起來澆花、種菜，你看，這些都是她種的！我也幫她除草呢！」

惠能微笑著點點頭，欣賞著四周綠油油的青菜，還有紅的、白的、黃的，一朵朵美豔動人的大菊花，他怯怯走到窗邊，只見一個白髮蒼蒼的老女人，頭插綢布紅花，手裡拿著念珠，正聚精會神地念佛。柔和的春光，從屋頂的天窗斜射進來，照在屋裡的一盆油綠綠的萬年輕上。惠能滿心喜悅，一時之間竟不忍離開！

「喂！」小女孩又拉著他的衣角說：「你還沒有告訴我你是不是達摩祖師嘛！」

「哈！哈！」惠能心滿意足地笑著，從懷裡掏出一塊佩玉來，那是十五年前母親臨別時送給他的：「妳把這個交給老太太，說是達摩祖師來看她了！」惠能對女孩說。

「真的呀！你就是達摩祖師呀？」小姑娘興奮得叫了起來！

「記住！要等老太太念完佛，才能交給她喔！」惠能摸著女孩的頭髮說。小姑娘點點頭，接過那塊碧綠無瑕的佩玉，滿懷新奇地玩弄著。待她抬起頭來，惠能已經背著包袱，漸漸消失在小村的那一角了！只見忠狗小花有氣無力地吠了幾聲，搖搖尾巴，又蹲回古井邊曬太陽去了。初春的陽光，透過一層淡淡的水氣，照射在田野裡，大地上的生命漸漸地、漸漸地復甦起來了！

【註釋】

①本節完全是作者杜撰。

②隋智顗（天台初祖智者大師）詩。

③此詩曾發表在《笠》詩刊九十五期二十五頁，一九八〇年二月號。原詩還有底下數句：「雪地裡青煙裊裊就讓我／歌一曲吧！／故人入我夢／明我長相憶！」

八、風幡之爭

風幡心動，一狀領過。
只知開口，不覺話墮！

——宋・無門頌

一日，恰是正月初八，惠能來到了廣州法性寺①。寺裡梅花開得正盛，放生池內游魚高興得躍了出了水面！

法性寺是嶺南的大叢林，古來從南海飄洋上岸的印度和尚，或是從海陸到印度取經的我國高僧，大都曾經在這裡逗留過。寺裡的僧眾盛傳著一則古老的傳說②：兩百五十年前

（距今一千四百多年前），有一位叫做求那跋陀羅的印度和尚，曾經來到寺裡預言，兩百五十年後，將有肉身菩薩來寺裡受戒出家！七十年後，又有一位叫做智藥③的印度和尚，從印度帶來一株菩提樹苗，栽在寺前，並立下碑石預言，一百七十年後，將有肉身菩薩在這株菩提樹下大開普度，弘揚無上的宇宙真理！這兩位印度高僧所說的「肉身菩薩」，當然是指六祖惠能大師了！

惠能踏進了法性寺的院子，那株菩提樹，正朝氣蓬勃地發著新枝、新芽，幾片去冬未被風襲的枯葉，在初春溫暖的晨光下，黃澄澄地，像是掛在枝頭上的黃金片子。一百多年前智藥大師立下的碑石，依然屹立在雄健的菩提樹下！無情的歲月，夾著風霜雨露，已把碑面侵蝕得斑剝黝黑，但是，卻反而顯出它古老傳奇的歷史！惠能站在碑前靜靜地看著，臉上露出神祕的微笑，彷彿碑上所刻的預言，他已知道得一清二楚似的！

大雄寶殿外插著幾支幡旗，在這初春和煦的陽光下，迎風飛舞，五彩繽紛，像是一串串迎賓的笑容。一位名叫印宗的高僧，正在殿內的佛壇上宣講深奧的《大涅槃經》，壇下數百名僧俗，如痴如醉地傾聽著。惠能踏進了殿內，像一般的信徒一樣，靜靜地坐在一個偏遠的蒲團上。忽然，一個年輕的和尚站了起來，指著殿外的幡旗，向印宗大師說：

「師父！這幡旗正在輕輕地飄動；請問是因為有風使得幡旗動呢？或者幡旗自己動

呢？」

「你簡直是個大笨蛋！」一個駝背、滿臉疙瘩、天生一付滑稽相的和尚說：「當然是有風，幡旗才動！沒有風，幡旗不就像你大死人一樣，一動也不動了嗎？笨蛋！笨蛋！」說著說著，使勁地搖著頭，惹得全場僧俗都笑了起來！這瘋和尚，法性寺裡上上下下大家都認得，一向胡鬧慣了，大家也就不覺得奇怪了！

「我想，應該是幡旗自己動吧！」一個白鬍髯髯的老和尚站了起來，慢條斯理地說：「因為動性在幡旗上，而不在風上！」

「古人說得好：『老而不死，謂之賊』我看你真的是老而不死，奇怪得很，你不像個賊，竟然也會說出這種令人不得不動歪腦筋的話來！真是佩服，佩服！」那個駝和尚繞著老和尚直打轉地說，還不時拉拉他的衣角，摸摸他的光頭。老和尚站著一動也不動地任他擺弄。半晌這駝和尚又問，態度變得完全不一樣：「你瞎著眼，說什麼動性在幡不在風！那麼請問法師大老爺，什麼叫做動性呀？」

「動性就是能夠活動的那種可能性！」老和尚解釋著：「這能動的可能性，有些東西有，有些東西沒有；例如，人可以活動，所以人有，而大地不會活動，所以大地沒有。貧僧以為，這能動的可能性在幡旗，而不在風！」

「呵！呵！妙論呀！高論！」瘋和尚湊過頭去，直盯著老和尚的臉孔，幾乎要親到了他的臉，然後高興地拍起手來。不一會兒，卻把臉色一沉，換了一副全然不同的模樣說：「你簡直是痴人說夢話！我問問你！既然動性在幡不在風，那麼青天大老爺不叫風吹來的時候，幡旗為什麼不自己動起來呢？幡旗既然有風才動，你還睜眼說瞎話，說什麼動性在幡不在風！呸！呸！呸！」他鄙夷地呸了幾聲，半晌，又搔搔頭，裝出一付不好意思的模樣，向老和尚說：「嘿！嘿！對不起！佛說：『不惡口！』又說：『一念瞋心起，火燒功德林！』罪過，罪過！」大眾見他喜怒無常，又罵人又道歉的，一付野猴的滑稽相，不禁破顏笑了起來。只見那白鬍髯髯的老和尚，若無其事地又說著：

「照你所說，動性應該在風囉？」

「嘿！那還用說嘛！」瘋和尚倚在殿裡的一支柱子上，說著，雙手叉在胸前，右腳伸前打著拍子，一付得意洋洋的模樣。

「既然動性在風不在幡，那我請教你一個問題，為什麼風吹青山，青山卻一動也不動呢？」老和尚說：「風吹不動青山，貧僧以為那是因為青山沒有能動的可能性；然而，風吹得動幡旗，可見能動之性在幡而不在風！因為，風是同樣的風，被吹的卻一個能動，一個不能動，可見動性在被吹的東西——幡，而不在風！」

老和尚的長篇大道理，似乎弄得駝和尚傷透腦筋，他猛搔著頭，來回走著，口裡喃喃嚷著：

「你這老而不死的傢伙！這次真的是老而不死謂之賊了！」過了一會，卻又重重地自己打起嘴巴來，還對著老和尚扮著笑臉說：「惡口！惡口！真該死！」老和尚連理也不理，獨自坐回自己的蒲團，惹得全場僧俗又一番輕笑！殿裡喜歡議論的僧俗，也交頭接耳，互相辯論起來，有的贊成瘋和尚的意見，有的贊成老和尚的看法，為了真理，殿裡熱哄哄地吵了起來！

忽然，殿角邊傳來堅定洪亮的聲音：

「弟子以為，既不是風動，也不是幡動，而是二位師父的自心在動！」瞬時間全場數百人的眼光，都集中在一個衣著襤褸、滿臉鬍鬚的流浪漢上，那正是一代祖師盧惠能！只見那垂頭喪氣的駝和尚這時又活躍了起來，一個箭步，已經奔到了惠能的身邊，摸摸惠能的鬍鬚，又嗅嗅他的衣服，然後裝出一付既驚奇又不屑的神情說：

「你是什麼人呀？一付千年山怪的樣子，身上臭氣騰騰，竟敢來這裡撒野！看我怒目金剛饒不饒你！」說著，瞪眼、橫嘴，裝出一副羅剎的模樣，直向惠能欺來。

「不得無禮！」一個年老的和尚說，看來似乎是寺裡地位頗高的法師；駝和尚見了他，就懾懾地躲在一邊。全場漸漸地又靜了下來。惠能面對全場期待、狐疑的眼光，又接著說：

「首先，從淺處說，宇宙萬物都因我人的自心才能顯現，試想，一個不能看、不能聽、不能嗅、不能想的人，他知道風、幡，或山河大地的存在嗎？對他來講，風也好，幡也好都沒有意義！能看、能聽、能嗅、能想的自心才是宇宙萬物活動運行的依靠，沒有自心的活動，萬物的存在就成了沒有意義的事了！因此，我說不是風動，也不是幡動，而是二位師父的自心在動！」

「嘿嘿！有道理！有道理！」瘋和尚耐不住寂寞，又鑽出頭來拍手說著，然後打著轉說：「不過，不過……。」眾人白了他一眼，又望著惠能。只見惠能吞了一口口水，接著說：

「其次，再從深處說，眾生本具覺心、本具佛性……」

惠能剛開始說時，那瘋和尚就打斷他的話，拉著他的衣角直問：

「你怎麼知道眾生本具覺心、本具佛性呢？不能空口說白話呀！」這一問，問得在場的僧俗都深深地不以為然！在他們看來，眾生本具覺心、佛性，已在經中明明說到，乃是佛教界的常談，怎麼此時此地卻問起這麼幼稚的問題呢！眾人都以為駝和尚又故意在胡鬧了，因此不約而同地責怪起來！卻見惠能微笑著對瘋和尚說：

「師父不相信有佛性嗎？」

「不相信！」瘋和尚猛搖著頭。

「那麼，請您過來一下，我告訴您！」惠能向那瘋和尚招了招手，瘋和尚搖搖擺擺地靠了上來。只見惠能用力擰了一把瘋和尚的鼻子，瘋和尚大叫一聲，跳了起來，惠能卻拍拍手笑著說：

「我的好師父！你疼也不疼？」

「廢話！當然疼囉！你這無賴，竟敢欺負人啦！」瘋和尚說著，捲起了僧衣，作勢要打惠能。眼看著一隻拳頭已經到了惠能的頭邊，不料，卻見他又把拳頭收回，放下衣袖，笑咪咪地說：「佛說：『忍辱波羅蜜！忍辱波羅蜜！』罪過，罪過！」大眾見了，都失笑起來。

「您既然喊疼，也知道逃避，這就證明您有佛性！」惠能莞爾一笑說：「眾生都有肉體上的或心靈上的煩惱，也都想要去除這些煩惱；這種避苦趨樂、欣求解脫、渴望幸福的心性，不正是我人本具的覺心、佛性嗎？」

「妙！妙！」瘋和尚繞著惠能的身子一邊打轉一邊說，一時之間意忘了剛才受辱的情形：「看你這副窮酸相，竟然也說得出這番大道理來，真像是貧女懷寶、礦中含玉、毛屎坑裡藏著的金塊呀！」眾人聽他這一大串不倫不類的比喻，不禁皺眉笑了起來。只聽得惠能又說：

「其實，您所說的寶呀，玉呀，金塊呀，您自己身中也已具足，那就是您的覺心、佛性呀！」惠能說：「這覺心、佛性，就是我們能看、能聽、能想的心，也是肯向善、肯奮鬥、肯認錯的心！這覺心、佛性，有無窮無盡的智慧和慈悲，平時隱藏在我人的內心深處，機緣一到，卻能源源而出，取之不盡，用之不竭！它時時刻刻都從我們的門面，像眼睛、耳朵、鼻子、舌頭進進出出！」

「哼！這次可是你胡說八道了！」瘋和尚好不容易逮到一個復仇的機會，興奮地叫了起來：

「你說佛性就是我的心，又說時時刻刻從我眼睛、耳朵進出。但是，我怎麼從來沒有看見過呢？」

「法師不信是嗎？」惠能神祕地笑著向瘋和尚說：「好！我把它找來給您看看！」話剛說完，只見惠能摸了一下瘋和尚的胸膛，瘋和尚哎喲大叫一聲，僧衣像拉鏈式地裂開了一條長縫，裡面跳出了一個天真穎慧的金童來！這金童身子穿著一件珍貴的金縷衣，腰邊佩著名貴的碧玉，皮膚像是明珠似的瑩潔可愛，還微微放出光芒，一雙紺（ㄍㄢˋ gàn）目，就像深不可測的大海，含攝著無窮無盡的智慧與慈悲！只見金童合十向惠能一拜，然後指著瘋和尚說：

「我一向不是叫你認真修行，虛心向道嗎？你卻惡性難改，儘會和人抬槓、頂嘴，徒逞口舌之能，害得我蒙塵含羞！」說著把雙手叉在腰上，現出一付含瞋帶怒的模樣來。這瘋和尚翻翻口袋、摸摸胸膛，慌慌張張地，哪裡還顧得了眼前金童的訓斥！只聽他哀哀地大叫起來：

「哎喲！不好了！我的心跑到那裡去了？」他在人群中穿來穿去，還不時趴在地下尋找他的「心」！眾人看他那狼狽的模樣，又看看站在一旁，滿臉羞慚的金童，對這奇妙的景象，也不禁動容起來！只見那金童拍拍那瘋和尚說：

「你在幹什麼呀？真是丟人現眼！」

「我在找我的心呀！」瘋和尚說。

「我不就是你的心嗎？」金童大惑不解地說。

「你是誰？敢在這裡戲弄我！說什麼你是我的心！」瘋和尚有點怒氣地說。

「佛經上叫我做覺心、真心、本心；有時候也叫我做覺性、佛性、自性；甚至還叫我做如來藏、正法眼藏，或無位真人④！其實我就是你的本心呀！」金童用力搖著瘋和尚的肩膀，似乎要叫醒一個迷夢中人似的！

「哎喲！你就是我的心呀！我的心肝寶貝呀！」瘋和尚恍然大悟，忍不住，喜極而泣，抱著金童叫了起來。只聽到那投在瘋和尚懷裡的金童，指著惠能說：

「這位行者說得不錯，人人都有覺心、佛性，那怕是螻蟻、惡狗也是本來具足！這下子你相信了吧？」

瘋和尚擦著淚水，點點頭，把金童摟得更緊。說也奇怪，這時，那金童竟隱沒在瘋和尚的僧衣裡，一切又恢復了正常！瘋和尚宛如大夢初醒，滿面疑惑，像是自言自語地說：

「咦？我剛才做了一個奇怪的夢！」他摸摸自己的衣服和胸膛，一切正常，好好的！又摸摸自己的眼臉，才知道臉上布滿了淚痕，剛才的情景似乎也不是虛假的呀！他自言自語地說：「羞死人了！羞死人了！」

惠能走過去拍拍他的肩膀說：

「這次你相信眾生都有佛性了吧？」

瘋和尚想起金童的話，對著惠能點點頭，羞怯得像是一個見了情人的大姑娘！惠能見大眾都對佛性有了信心，於是又向著大眾說：

「各位！今天因緣難得，容我再多說幾句！這人人本有的覺心、佛性，能生萬物，能造萬物；山河大地無非都是我人覺心、佛性的顯露！風也好、幡也好，美醜、善惡、貧富也好，一切的一切都含攝在這覺心、佛性當中，成了覺心、佛性中的影像，平等而無差別！就像夢中的善人、惡人都是夢心的虛幻顯露，平等而無差別！因此我說不是風動，不是幡動，而是二位師父的自心在動，是二位師父的覺心、佛性在動！」

這時，一直閉目冥想的印宗大師，也忍不住張開了雙眼，看了一下惠能，然後又皺著眉，緊緊地閉起眼來！只見惠能意猶未盡又滔滔說了起來：

「另外，再從一般的佛法來說，宇宙中的萬事萬物都是有因有緣才產生的。就拿鏡花來說，鏡花的產生至少必須具備明鏡、鮮花、光線、距離等等條件，其中只要缺少一個條件，鏡花就會消失而不生起。既然這樣，我們能說鏡花從明鏡產生的嗎？能說鏡花從鮮花、光線、或距離產生的嗎？不，當然不能，因為只具備一個因緣，並不能產生鏡花！但是，我們能說鏡花不是從明鏡產生的嗎？能說鏡花不是從鮮花、光線，或距離所產生的嗎？不！同樣地，我們也不能這麼說，因為鏡花的確是從這些東西所產生的！」

這時，瘋和尚又頗不以為然地聒噪了起來：

「不對！不對！你一下子說不是明鏡、鮮花所生，一下子又說的確是明鏡、鮮花所生；

不是，又不是不是；非也又非非也！這豈不是大大的矛盾嗎？」

眾人看他滑稽的表情，忍不住笑了起來。不過，聽他這一分析，也都點點頭，覺得頗有道理！數百隻眼睛，疑惑地望著惠能。只見惠能不慌不忙地說：

「矛盾不過是表面的現象罷了！因為鏡花的真相並不是單獨從明鏡、鮮花等等因緣所生，而是這眾多的因緣一起生出鏡花來！所以我說不是鏡生，也不是非鏡所生；乃至不是距離生，也不是非距離所生，而是明鏡乃至距離共同和合而生！」

這時，只聽得殿外傳來一聲牛叫，一個牧童，倒騎著一隻瘦弱的水牛，手中拿著一莖盛開的蓮花，唱著歌，直向殿裡踱過來；唱的，正是梁武帝時傅大士有名的矛盾詩⑤：

空手把鋤頭，步行騎水牛。
人從橋上過，橋流水不流！

眾人見那牧童拴好了水牛，神態怡然地走進殿來，竟不約而同地讓出一條通道來。只見那牧童走到惠能跟前，恭敬地把花獻給了惠能，然後說：

「這是我家池塘新開的鮮花，還望行者笑納！」

惠能笑著接過了蓮花，一句話也不說地把它插在佛前的花瓶裡。那牧童見眾人看得目瞪口呆，於是面向眾人，說了起來：

「各位師父怎麼也害怕起矛盾來了呢？《金剛經》說：『世界非世界，是名世界！』這不正是大大的矛盾嗎？」那牧童停頓了一下，向四面八方打量著。只見全場鴉雀無聲，數百名僧眾，既驚又敬地聽他說話。於是，牧童又繼續說：

「其實，宇宙的真相不是善也不是非善，不是美也不是非美……而是含攝一切善與非善、美與非美的矛盾，成為超越矛盾的真理！」

「咦！今天是什麼怪日子！一會兒這個來，一會兒又那個來！你又是誰呀？來這裡說些什麼莫名其妙的話！」那瘋和尚繞著牧童直打轉。沒想到這牧童卻睬也不睬他一眼，只顧自說自的：

「有些人依據自己的喜惡、利害，說這個世界是善的、美的……還有些人也依據自己的另一種喜惡、利害，說這個世界是惡的、醜的……於是矛盾對立，爭端生起，仇恨與刀兵的劫難接踵而來！而智者卻在矛盾中見到了無有差別的統一，沒有一己的喜惡與利害，只有平等無差別的愛心，用來觀察這世界的本來面目！」

牧童又停頓下來，觀察周遭的情境，最後指著惠能說：「的確，正如這位行者所說，矛盾不過是事物的表面罷了！還望各位師父深思、深思呀！」說完了，深深向惠能一拜，然後走出殿外，騎上他那看似有氣無力的水牛，不一會兒，便消失在法性寺的山門外了！眾人見他小小年紀，竟然說出這令人深思的道理來，不禁都愣成一堆！漸漸地，有人竊竊私語起來：「那會不會是文殊菩薩的化身呀？」「不！我想大概是善財童子吧！」「說不定是未來佛，彌勒菩薩呢！」「也有可能是傅大士的化身哩！」

議論紛紛中，只見惠能又說了起來：

「各位！總之弟子以為鏡花是許多因緣共同和合所生，而不是單獨由某一因緣所能生的！所以佛說：『有因有緣世間生，有因有緣世間滅！』鏡花是這樣，幡旗的飄動不也是這樣嗎？只有風或幡的存在，都不可能產生幡動的現象；所以我說，不是風動，也不是幡動呀！」

惠能說罷，大眾突然喧嚷了起來，因為沉默已久的印宗大師，這時已經下了寶座，直往惠能這邊走來！漸漸地，全場恢復了寂靜，眾人屏息盯著印宗大師，殿裡只有燃燒著的明燈，嗶嗶剝剝地叫著！只那麼一會兒，印宗大師已經站在惠能的眼前，他向惠能深深地行了一禮，臉上綻出興奮的笑容，在這正月春光的反照下，就像一朵盛開的芙蓉花一樣！

【註釋】

①惠能到法性寺的日期請見〈瘞髮塔記〉及〈略序〉。

②詳〈瘞髮塔記〉。

③此處智藥乃依〈瘞髮塔記〉所說，若依《曹溪大師別傳》，菩提樹乃真諦所植。

④佛性又名「如來藏」，在許多經論都有提到。而無位真人，則典出《景德傳燈錄》卷十二，臨濟義玄語。

⑤傅大士，名翕，梁天監年間人，又叫善慧大士；其傳及詩見《景德傳燈錄》卷二十七。

九、不二法門

密室開金鎖，閒步下松門。
漫將無孔笛，吹出鳳遊雲！

——宋．德韶詩

笑聲甫停，印宗大師劈頭第一句話就說：

「行者一定不是普通人！據說憑墓山的衣鉢已經南傳十幾年了，莫非行者就是六祖大師？」

「不敢！」惠能也微笑著回了個禮。

「行者果然是六祖大師！我等有眼無珠，還請接受貧僧一拜！」說著，一噗哧跪在地下拜起來。只見惠能一個箭步搶上前去，把他扶了起來，然後說：

「佛門規矩只合在家禮拜出家，哪有大師向我頂禮的道理！」

「哈！哈！世間禮法，先聞道者為師；佛門規矩，早得度者為尊！」印宗開心笑著說：「大師既是一代祖師，我等理當頂禮受教！還請大師上坐，並出示衣鉢，好讓我等焚香禱拜，以增福慧！」

於是，在推推拖拖中，惠能坐上了印宗大師原來的寶座，打開包袱，拿出那件已經破舊褪色的袈裟，披在身上。誰也沒有想到，這袈裟剛一披在惠能的身上，就放出五顏六色的光芒，方才那副寒酸不堪的模樣，一變而成燦爛奪目起來！惠能也從貧困襤褸的流浪漢，一變而成容光煥發的六祖大師了！印宗大師喊了起來：「奇妙的真理之光！奇妙的真理之光！」

大雄寶殿亂成一團，數百名僧俗都爭先恐後地擠到殿前來瞻仰惠能！法性寺內幾個年紀較大的和尚想著，這怕是本寺有始以來第一次像這麼亂哄哄的吧！突然，那駝背的瘋和尚也擠到惠能的身邊打轉，一下看看惠能，一下看看大眾，一下又和惠能比比自己的衣服、手腳，然後搔搔頭說：

「你就是那個搶人家衣鉢的的短嘴狗呀！」

十五年來，隨著東禪寺僧眾的四出追尋，衣鉢、短嘴狗、盧惠能，這些名字和事情，早已傳遍了嶺南一帶。瘋和尚的疑惑，其實也正是法性寺裡許多僧俗的共同想法！這些人看見瘋和尚說出了他們心中想說卻不敢說的，個個都在心裡打量著：恐怕有好戲要上場了！

只見眾中有一中年和尚，彷彿超脫於眾人之外似的，一個人獨自在殿角踱著方步，嘴裡喃喃自語，心中卻像熱鍋上的白油似地翻滾！他想：《金剛經》說，應無所住而生其心！一個真正得道的解脫者，一定是虛懷謙沖，不會執著於一切世間的名份或事物。就像機關木人，善來不喜，惡來不恨；好也承受，壞也擔當；永遠是無所住而生其心的！現在既然有人懷疑他的身分，不如讓我考他一考，看看他是否真有德學，做到這「無住生心」的地步！於是，他也跟著大眾擠到殿前去。

只見惠能垂眼閉目，在這喧嘩混亂當中，一動也不動地坐在寶座上面，恰似一株屹立在危崖上的孤松一樣！那中年和尚輕咳一聲，潤潤喉嚨說：

「自古傳法，衣鉢與佛法同時並傳。衣乃身外之物，法為內心密證。現在我等雖已禮拜了衣鉢，但不知弘忍大師的旨意，是什麼人得去了？」

殿裡靜得有點令人感到可怕，數百名僧俗屏息傾聽，就像等待著霹靂之聲一樣！卻見那惠能抬起頭來，望著中年和尚。兩人四目相遇，就像電光石火一般，中年和尚心頭一冷，額角竟滲出汗來！迷迷糊糊中，只聽得一絲聲音來自惠能的嘴裡，傳進了耳朵：

「懂得佛法的人得去了！」

這中年和尚連連吞了幾口口水，強作鎮定地又繼續追問，沒想到，在不知不覺之中，竟改稱「大師」起來了：

「大師！那麼您懂得佛法嗎？」

「我不懂佛法！」惠能平淡無奇地回答。

那中年和尚聽惠能這麼一說，臉上現出又驚又喜又慚愧的表情，一眨眼間，已經跪在地上磕頭，直磕得地上碰碰作響！嘴裡不斷地嚷著：

「弟子罪過！弟子罪過！望大師察諒！望大師察諒！」

只見惠能哈哈大笑起來，臉上光亮得像是早晨初升的太陽！他摸摸中年和尚的頭說：

「這位師父不要折騰弟子了！趕快起來，趕快起來！」①

圍觀的眾人各個感到莫名其妙，百思不解地打量著惠能和這中年和尚。正狐疑中，卻見印宗大師走了上來，大雄寶殿隨即恢復平靜，數百隻眼睛，像冬夜裡的野貓似地瞪著惠能！只見印宗大師仰天哈哈一笑，然後合十向惠能問道：

「請問大師！弘忍大師的旨意，既是不懂佛法的人得去了，那麼，他所傳的佛法到底是什法旨意？」

「那是直接指出人的本心，讓我們看到佛性，隨即成佛的法門！」惠能說。

「胡說！胡說！」只見那瘋和尚又指指點點地鬧著：「本心怎麼指？佛性怎麼看？」

「不得無禮！」剛才那位中年和尚邊說邊把瘋和尚拉到一邊：「他是真的六祖大師呀！」

「什麼？他是真的呀！萬一是假的怎麼辦？更何況，我問得並沒有錯呀！」瘋和尚一則驚訝，一則無限委曲地說。

「如假包換！」只見印宗大師說著，哈哈大笑起來，然後雙手合十，向惠能說：

「我這徒弟瘋瘋癲癲，還望大師海涵，不要與他計較！」

「哈！哈！他說得不錯！本心，佛性無形無相，如何能指，如何能看！」惠能說：「這法門不能指，不能看，非善非惡，非美非醜；不是呆板的、教條式的、或迂迴漸進的方法，像盤腿、閉目、數息、打坐、或撥念珠、口念咒，所能達到的！只有自由、活潑、遠離教條、直截了當的心靈，才能見到本心，體悟佛性！所以經上稱它為『不二法門』！」

「嘿！嘿！你這話說得有點像一代祖師了！」瘋和尚搔著頭，笑了起來，直向惠能跟前走去。那中年和尚卻拉住了他的衣角說：

「你還不是單憑自己的喜惡就下評斷！你還真以為自己夠資格較量大師呀！好好站在這裡聽，別亂動！」

「是，是！師兄說得有理！該打，該打！」這瘋和尚雖說瘋瘋顛顛，卻有一大好處，那就是肯承當認錯，只見他說著，自打嘴巴起來！眾人看慣了他的顛三倒四，也就不去理他。卻聽得印宗大師又向惠能問道：

「什麼是『不二法門』？還請大師詳細開示為荷！」

「法師剛才講的該是《涅槃經》吧？」惠能問著。不待印宗大師回答，接著又說：「這《涅槃經》早先我在曹溪，曾和無盡藏尼討論過，因此也略知一二。經中反覆說著佛性。而佛性不是永恆的，也不是不永恆的；不是善的，也不是不善的；不是美的，也不是不美的旨……永恆與不永恆是二，善與不善是二，美與不美也是二！凡是落於相對的、兩端的，或是有所分別、等差、階級、漸進的事物，都是二法，不是令人見到佛性、得到解脫的『不二法門』！『不二法門』只有平等無有差別的慈悲之心才能進入！」

「這就怪了！」那駝和尚又瘋顛起來了：「沒有善惡、美醜之分，那求道之人豈不個個成了草木石頭或鄉愿了嗎！孔老夫子說得好：「鄉愿，德之賊也！」你打算要我們個個犯戒當賊呀！我說你是冒牌的祖師，一點兒都不錯！」

那中年和尚正待要教訓一頓瘋和尚時，卻見惠能雙手合十，向瘋和尚說：

「法師教訓得是！學佛之人並不是要像草木石頭或鄉愿一般，無法分辨善惡、美醜，或姑息惡人、惡事。而是不因善人善事就歡喜奉承，也不因惡人惡事就瞋恨怨懟；更不以一己的喜惡、利害為標準，來判斷事物、觀察世間！學佛之人是以平等無有差別的本心，來面對世間，讓眾生和事物的本來面目呈現出來！所以《金剛經》說：『應無所住而生其心！』不知法師以為然否？」

「這還差不多！還像是一代祖師所說的話！」瘋和尚白了惠能一眼說。隨即，似乎想到了什麼，又變了一付害羞靦腆的模樣對惠能說：「你剛才說到了『不二法門』，我也有個『不二法門』呢！」說著，扮出一副鬼臉，神祕兮兮地笑著。不一會兒才細聲細語地在惠能耳邊說：「不過，那是他說給我們聽的！我來轉述給你聽聽！」瘋和尚伸出手指偷偷指著印宗大師，似乎深怕給他看到似地！②

那中年和尚見他又瘋瘋顛顛起來，上前把他拉了回來，憤憤地說：

「別再胡鬧了！」

只見惠能舉起手來向那中年和尚說：

「這位師父！看在弟子的面上，就請讓他說個痛快吧！我倒也想聽聽哩！」

那中年和尚見惠能說情，也就放開了雙手。瘋和尚活像一個鬆綁了的猴子，興奮得跳了起來，還向中年和尚直呶嘴、扮鬼臉，彷彿打了一場勝仗似的！然後恭恭敬敬地向惠能行了個禮自言自語地說：

「還是大師英雄識英雄！不像這禿驢，有眼不識泰山！也不想想自己在寺裡是什麼職位，儘想阻攔我！現在我就向您報告囉！」

「師父儘管說吧！」惠能笑答著。

「從前，」瘋和尚說：「釋迦佛在世的時代，有一個在家居士……哎喲！他叫什麼名字呀？怎麼一時給忘了！喂！你知不知道啊？」瘋和尚拉拉中年和尚的衣角問。中年和尚不屑地說：「我怎麼知道你要說什麼！」瘋和尚搔著頭，急得滿身大汗，最後大叫一聲說：

「對了！叫做維摩詰！這維摩詰在過去若干億萬年前，就已經成佛了，叫做金粟如來③；現在為了幫助釋迦佛教化眾生，所以現出在家居士的樣子。有一天，這維摩詰居士生病了，釋迦佛請求文殊菩薩去慰問他……喂！你知不知道文殊菩薩呀！」瘋和尚推推惠能的身體問。惠能點點頭說：

「知道！他也老早成了佛，叫做龍種尊如來，還當過釋迦佛的老師哩！」④

「對對！看你一副土頭土腦的，竟然也知道這些！」瘋和尚說。其實，文殊乃中國佛教的四大菩薩之一，只要是佛教徒，大半都會曉得；惠能住在東禪寺八九個月，知道文殊菩薩的來歷，也不是什麼希奇的事情！那瘋和尚又說：

「文殊菩薩答應了釋迦佛的請求，於是率領了一兩萬個釋迦佛的徒弟，來到了維摩詰的家裡，把維摩詰的家裡，擠得水洩不通，就像菜市場一般⑤！這維摩詰哪裡是真的生病！他是裝模做樣，想藉機宣揚佛法！因此他不像我這老骨頭，一病就渾身酸疼，相反地卻與文殊談玄論道起來！他們談呀談著，後來談到了『不二法門』。每一個探病的大菩薩都發表了心得，連文殊菩薩也說：『所謂不二法門，就是超越相對、等差，不可言說、不可思議的境界！』最後輪到了維摩詰，大家都希望他能發表一點高論，好開開眼界。結果，你猜這號稱金粟如來的傢伙怎麼說？」瘋和尚推推惠能問。惠能搖搖頭說：

「不知道，請法師開示！」

「唉！」瘋和尚嘆了一口氣，現出一付又洩氣又憤恨的神情說：「這號稱金粟如來的竟然一句話也不說，只是呆呆枯坐著！這真是令人失望呀！全場一兩萬人，個個感到莫名其妙，不知道他葫蘆裡賣的是什麼膏藥！更可恨的是那文殊！你猜猜看他說了些什麼？」瘋和尚再次跑到惠能跟前，推推他的身子問。惠能還是搖了搖頭。

「哼！連你也不知道！還算什麼一代祖師！」瘋和尚輕蔑地白了惠能一眼，那中年和尚作勢要責打他，卻被惠能擋了回去。只見瘋和尚又慢慢說了起來：「大家都以為文殊菩薩會催促維摩詰快說，沒想到那文殊卻對維摩詰說：『太妙了！太妙了！像您這樣，沒有語言文字，連一字一句都不說，才是真正的不二法門呀！』各位想想看，這氣不氣人嘛！一句話都不說，呆呆枯坐在那兒，連我這老骨頭也會，文殊菩薩卻連聲讚美他，說什麼才是真正的不二法門！這不是故意戲弄人嗎？」

瘋和尚越說越覺氣憤，最後還對著惠能，斬釘截鐵地下結論說：「所以我說呀，什麼佛呀，菩薩呀，還不如我這把老骨頭！你剛才也說起什麼『不二法門』，我看八成也是……哼！呸！」瘋和尚連連呸了幾聲，臉上露出高傲不屑的神情來，起初那種靦腆羞怯，有求於人的神情，已經消失殆盡了！

突然，那中年和尚打從眾中鑽了出來，一個箭步欺身來到瘋和尚的身邊，也不問青紅皂白，劈劈啪啪就連打了瘋和尚好幾個耳光，然後粗聲粗氣地吼著：

「你是愈來愈不像話了，連文殊菩薩、維摩詰居士你都敢罵，你今後還有什麼不敢做的事情！」

那瘋和尚被打得昏頭轉向，一時之間竟成了白痴似的，雙手捧著紅得發青的臉頰，目瞪口呆地盯著中年和尚。待腦筋一清醒，竟坐在地下號啕大哭起來！這瘋和尚一向胡鬧慣了，但是，一個五六十歲的大男人，像是小孩一般地蹬腿跺腳，卻也惹得眾人又好氣又好笑。那中年和尚見他哭個不停，才想起自己著實打重了些，只好怯怯地縮在人群當中，連頭也不敢抬一抬。

正騷亂中，只聽殿外傳來一陣笛聲，眾人轉頭一看，一個衣著翩翩的老人，口裡吟著詩歌，正向殿裡走來：

死亡在我掌上旋舞
一個蹉跌，她流星般落下
我欲翻身拾起再拼圓
虹斷霞飛，她已紛紛化為蝴蝶。⑥

這老人一直走到惠能面前，合掌行了個禮，然後轉向瘋和尚說：

「這位法師委屈了！其實，用不言不語來表達解脫的『不二法門』，也不只維摩詰居士一人。就拿我禪宗二祖慧可來說吧，他也是用這不言不語的方式來表達他的解脫哩！」老人邁著方步說著，人們心裡閃過一個念頭：二祖慧可為了向達摩祖師求法，曾經站在雪地裡整整一夜，還自斷一隻手臂，為的是要表白自己求道的至誠⑦。這莫測高深的老人，難道要說這則大家都已熟悉的公案不成？

只見那老人手捻著短鬚，神采奕奕地說了底下這則也是不言不語的「不二法門」公案：⑧

有一天，達摩喚來了他的所有弟子，對他們說：

「徒兒！這些年來，你們跟我學了不少東西；現在你們也該說說你們各人的心得了。哪一個先出來報告？」

這時，一個名叫道副的弟子，站起來向達摩行了一禮，朗聲說道：

「就我所知，真理不是用一般的言語所能表達的；但是，為了表達自己所體悟的真理，有時候也不得不用言語來說明真理！」

「你只得到我的皮！」達摩冷冷地說。

「就我所知，」一個名叫總持的女尼接著說：「一切感官所認識到的事物，都是虛妄不實的；更何況再透過一層人為的言語來描述！」

「你得到我的肉！」達摩還是冷冷地說。

「宇宙萬法都是虛幻不實的，豈只是感官所認識到的事物！」另一個名叫道育的弟子搶著說。

「你得到了我的骨！」達摩說著，失望地望了望周遭的眾弟子，像是自言自語地說：「難道真的沒有人才嗎？」

突然，斷了一隻手臂的慧可，打從眾中走了出來。只見他面帶笑容，莊嚴肅穆地向達摩拜了三拜，然後一語不發地又回到自己的座位上。不待慧可坐定，那達摩的臉上就綻出了滿意的微笑，在那佛壇的燭光下，就像一朵盛開著的紅蓮花！

「哈哈！慧可！你才是真正得到了我的真髓！」達摩高興地宣布：「從現在起，你是本宗中土第二代祖師！」

老人說完了這則故事，對著淚痕滿面的瘋和尚說：

「法師！解脫者的心境是超越經驗的，豈可用語言文字來描寫！慧可的不言不語，不正是維摩詰居士的『不二法門』嗎？」

「不錯，不錯！」這時，那印宗湊近前來，向那老人行了一禮，說：「解脫者內心所自證的『不二法門』，如人飲水，其或冷或暖，並非旁人所能說明。所以剛才六祖大師才說，『不二法門』是遠離永恆與不永恆，遠離善與惡、美與醜的境界。但不知施主是何方高明？還請不吝指教！」

「哈哈！」老人仰天笑了幾聲說：「談的既是不言不語的『不二法門』，怎麼法師反而問起弟子的名字來呢！」

那老人說著說著，拍了拍瘋和尚的肩膀，然後走到惠能面前說：

「打攪大師說法，在下也該走了！」

說完，也不理會眾人，就自顧自地踱出殿門，消失在法性寺的圍牆外。

【註釋】

①中年和尚與惠能之間的問答，原經置於〈機緣品〉第七。從經文看來，這是發生在惠能出家之後。本書為了易於說明，也為了情節的安排起見，把它放在惠能出家前。又，原文只說有一和

尚，並未說是中年和尚。

②從本段起，一直到本節結束，都是作者虛構的情節。然其材料則來自於《維摩詰所說經》的〈文殊師利問疾品〉第五及見〈阿閦（ㄔㄨˋ chù）佛品〉第十二。

③維摩詰居士，《發跡經》及《思惟三昧經》都說是金粟如來的化身；然此二經皆不見於經錄。

④文殊乃龍種尊如來之化身，詳見首《楞嚴三昧經》、《心地觀經》、《大智度論》卷第二十九等。又，《菩薩處胎經．文殊身變化品》說，文殊本為能仁（釋迦）之師。《法華經．序品》更說，文殊乃八佛之師，其最後一佛名為燃燈佛，乃釋迦之師；如此，文殊成為釋迦之祖師了！

⑤依《維摩詰所說經．文殊師利問疾品》第五原經所說，探病的人雖說成千上萬，維摩詰利用他的神通，卻不覺擁擠！

⑥周夢蝶詩〈六月〉中的最後一段。此詩收集在其詩集《還魂草》第四三—四四頁：台北：文星書店出版。

⑦有關慧可（神光）求法的事蹟，請參見《景德傳燈錄》卷三。

⑧底下有關達摩傳法的公案，詳《景德傳燈錄》卷三。其中，總持女尼的心得，原文作：「我今所解，如慶喜見阿閦佛國，一見更不再見。」這應該是指《大般若經》卷三四七〈囑累品〉的一則故事。

這則故事說明釋迦佛顯神通，現出東方阿閦佛國（不動佛國）的美麗淨土，阿難（即慶喜）看了之後就說：「我看見了阿閦佛國之後，我以後就再也看不到了，因為我已經知道，凡是感官所認識的事物，都是虛幻不實的！」（原文是：「我不復見彼事，非此眼所行故。」）本書有關總持女尼的心得報告，乃是這則故事的大意。

十、祝髮

恍如自流變中蟬蛻而進入永恆
那種孤危與悚慄的欣喜！
髣髴有隻伸自地下的天手
將你高高舉起以寶蓮千葉
盈耳是冷冷襲人的天籟。

——周夢蝶詩①

這半天來，令人興奮、驚奇的事情，一件接連一件地發生，法性寺裡的僧侶好不容易才定下心來！惠能仍然閉目冥思；數百名信徒也靜靜盤坐在自己的蒲團上。印宗大師見眾人已經坐定，於是走到惠能面前說：

「弟子講經就像瓦礫泥土，大師說法卻如黃金寶珠！我等何德何能有這機緣，聆聽一代祖師教誨，實如盲龜穿木、蟲食成字一般的希有難得！還望大師長住本寺，則我等感激不盡！」說完，領著大眾長跪不起。

只見惠能下得寶座來，也跪在印宗面前磕頭說：

「佛門敬重僧寶，這僧寶乃是真理綿延不絕的象徵。弟子是在家俗人，理應禮拜大師才對，怎的反讓大師禮拜，真是罪過！還請大師快起，不要折騰弟子了！」

那印宗哪裡肯起，數百名僧俗也像被釘子釘住一般，伏在地上。印宗雙掌合十又說：

「僧寶雖是佛門所重，卻也只是一種形式。真出家不只像我身出家，最重要的是心也出家！內心念念不忘苦難眾生，身體則不辭辛勞地度化他們，如此身心勤奮，才是真正出家。弟子不過是個身出家的無毛禿子罷了，豈敢自認僧寶呢！」說完，又往地下拜了起來。

這樣，二人一來一往，一起一伏，互稱大師、弟子，弄得全場僧俗都啞然失笑。那沉寂多時的瘋和尚，這時又不甘寂寞起來，擠到了殿前，眉開眼笑地跟著二人跪在殿前，還一邊拜著一邊直嚷：

「您們二位一低一昂，互拜起來，活像兩個小頑童坐上蹺蹺板。這玩意兒我已多年沒有玩過，待我也來跟您們玩一玩！」

這樣，三人一個拜來兩個拜去，兩個拜來一個拜去，弄得全場拍手笑了起來，連惠能和印宗也跪在地上，互拍肩膀，又擁又抱地大笑著！那瘋和尚見他二人笑成一堆，更是興奮得跳了起來，只見他踉踉蹌蹌地直往二人身上撞去，剛一上前，領口就被一個和尚抓住，一個使勁，連翻帶滾地就被拉了回來！只聽那和尚邊笑邊說：

「好了，好了！你今天胡鬧夠了！也不怕又被人打幾個耳光！」

瘋和尚白了那和尚一眼，嘴裡直嘀咕著，心不甘情不願地坐在一旁賭氣。不一會兒工夫，卻又跟著眾人拍手大笑起來！

惠能和印宗擁笑了一陣，雙雙起立，並肩走到殿角的兩張椅子上坐著。只見印宗大師舉起一杯冷茶對惠能說：

「來，請用茶！」

惠能端起茶後，啜了一口說：

「剛才弟子說過，佛門以僧寶為重；大師也說過，身出家、心出家，才是真出家！十五年前，弟子雖蒙五祖錯愛，將衣鉢付託給我，卻恨未能祝髮為僧，來個身、心統通出家，以弘揚我佛真理！現在自認時機已到，不知弟子是否有這榮幸，追隨大師出家？」

「哈哈！大師客氣了！」印宗一聽，隨即合十說：「貧僧何德何能，敢收大師為徒！只是出家僧寶確非等閒之輩所能為，其生活是清苦的，其使命卻是艱鉅的！若無形式相助，恐將流於浮濫，因此才有祝髮受戒的儀式。大師既是有心出家，弟子也就恭敬不如從命了！」

惠能見印宗已經答應，待要回禮答謝，卻聽印宗又說：

「不過，貧僧有一小小條件，還請大師勉為恩准！」

「什麼條件？」

「大師雖然執意依照佛律拜師，」印宗說：「但大師乃一代祖師，德學都在貧僧之上，因此出家後，還請大師恩准，容我以弟子之禮服侍大師！」

「哈哈！大師何必拘泥小節呢！」惠能仰天大笑起來：「來來，弟子敬大師一杯！」

「一言為定！」印宗邊喝茶邊說：「良辰吉日就訂在正月十五上元節吧！」②

就這樣，惠能暫時住在法性寺裡。除了那瘋和尚快人快語，偶而還會頂撞惠能之外，其他的僧俗，都以貴賓之禮相待。轉眼間，一年一度的元宵節到了！在寺廟裡，這原本就是一個大節慶；但就法性寺來說，這似乎是一個更具有意義的日子了！

是日黃昏，太陽還沒有下山，法性寺已擠滿了觀禮的信眾，大家都不願錯過一代祖師落髮為僧的景象！法性寺的各個角落，都刻意整修過。寺院裡張燈結綵，各式各樣的花燈，懸掛在花木小徑間，迎風搖擺。

一百七十年前，智藥大師手植的那棵菩提樹，也被匠工鑲上金、銀、琉璃等等飾物，遠遠望去，就像一株盛開著花朵的寶樹！樹下那塊碑石，也用上等的紅色綢緞，將它罩了起來！大雄寶殿裡，傳來陣陣清雅的梵唄聲，隨著撲鼻的檀香，縈繞在花叢水池間！唱著的正是佛門中有名的爐香讚：

爐香乍熱，法界蒙熏
諸佛海會悉遙聞！
隨處結祥雲。
誠意方殷
諸佛現全身！
南無香雲蓋菩薩摩訶薩！

南無香雲蓋菩薩摩訶薩！
南無香雲蓋菩薩摩訶薩！

漸漸地，四邊昏暗了下來，一輪明月冉冉爬上樹梢，斜照在寺裡的一草一木上！大雄寶殿內，數百盞油燈，在初春的晚風裡，明滅地燃燒著。佛壇上，金光燦爛的釋迦像，拈著一朵金蓮花，神態怡然地微笑著，兩旁是迦葉和阿難兩位尊者的立像。

佛像前跪著虔誠的盧惠能，印宗大師拿著一把雪亮的剃刀，正一刀一刀地為他剃著頭髮！燈光下，一絲絲發亮的長髮，落得滿肩、滿地、滿袈裟！母親的慈容、父親模糊的影像，還有客店裡誦經的好心人……一幕幕的往事，隨著剃刀的唰唰聲，一再地浮現腦海；一件件歡樂、憂傷的回憶，也隨著絲絲青髮，永遠從身上落去！在這莊嚴肅穆的祝髮儀式中，惠能所能感覺到的竟是難以言喻的悲欣交集！

而所有的夜都鹹
所有路邊的李都苦
不敢回顧：觸目是斑斑刺心的蒺藜。

突然，那瘋和尚跑進殿來，在眾目睽睽下繞著印宗和惠能打轉，又是搔頭又是抓臉地對惠能說：

「喂！你也想當和尚呀！你已經是大師了，怎麼又出家，想當第二個大師呀？真是貪心不足喔！」

印宗把剃刀收了起來，深怕這瘋子猛撞過來，傷了惠能的頭顱！一個觀禮的和尚上前把他拉了回來，連哄帶騙地說：「有人要打你耳光了！」只見那瘋子反而使命地掙扎，一個鬆手，已經竄進惠能身上的袈裟裡直發抖！眾人哈哈大笑起來，連那虔誠嚴肅的惠能，也忍不住破顏微笑！惠能望了望四邊圍觀的眾人，然後拍拍袈裟裡的瘋和尚說：

「這位師父呀！再過一些時候，您就是我的師兄，我就是您的師弟了。您說說看，是師兄大呢？或是師弟大？是師兄應該保護師弟呢？或是師弟應該保護師兄？」

「當然是師兄我大，應該保護師弟你囉！」袈裟裡傳來瘋和尚的聲音，他特別加重「我」、「你」兩字的聲調。

「既然是師兄您大，應該保護師弟我，那您為什麼一直躲在我底下呢？」惠能笑著說。

「咦！對呀！我怎麼可以躲到你這師弟的底下？快出來，快出來！」瘋和尚掀開了袈裟，拍了拍身上的髮屑，趾高氣揚地自言自語起來：「我是師兄了，我是師兄了！」眾人見他這副神情，不禁失笑。印宗大師卻帶著半是責怪半是愛憐的語氣對他說：「快到後院去準備慶祝活動！」瘋和尚乾笑了一聲，大搖大擺地走出殿去。

殿內恢復了剛才的莊嚴肅穆。依樣的梵唄、依樣的檀香，依樣的一刀刀削去惠能頭上的長髮！

隱約有一道暖流幽幽地
流過我底渴待。燃燈人，當你手摩我頂
靜似奔雷，一隻蝴蝶正為我
預言一個石頭也會開花的世紀！

湛定的雙眸，直望著垂眼微笑的釋迦佛像，一絲絲的青髮落在臉上、肩上、地上，彷佛都化成了深長微細的聲音，那是真理的呼喚、佛陀的呼喚，無量無邊的、苦難眾生的呼喚！惠能想著想著，想起《因果經》裡善慧童子散髮布地，讓佛踩著走過的故事③。無數劫以來，自己行菩薩道，救度眾生的往事，也一幕幕映現腦海！想起佛陀的慈悲，菩薩們的偉大，惠能不知不覺間流下了景仰和感念的眼淚！

當石頭開花時，燃燈人
我將感念此日，感念你
我是如此孤露，怯羞而又一無所有
除了這泥香與乳香混凝的夜
這長髮。叩答你底弘慈
曾經我是靦腆的手持五莖蓮華的童子

不到半個時辰，惠能的頭髮已經剃光了。在眾人的禮請下，惠能坐上鑲著珠玉的寶座，渾身放射著真理之光，在這上元夜，恰似孤峰頂上一輪初升的明月！印宗大師領著大眾跪拜下去，數以千計的僧俗齊聲唱著：「南無六祖大師！南無六祖大師！」一聲音響徹整個大雄寶殿，連那掛在殿外的洪鐘，都被震得嗡嗡作響！

突然，一陣喧鬧的鑼鼓聲打從殿外傳來，寺院裡、菩提樹下擠滿了人，兩個強壯的青年，在月光和花燈的輝映下，正合舞著一隻金毛獅子。一個戴著面具的小丑，手持蒲扇踉踉蹌蹌地戲弄著獅子。這是一幅民間喜慶節日常見的景象！

只聽那鑼鼓擂得更加緊密，且震得眾人心裡發熱，血脈像暴流般地奔騰！那獅子和小丑更加使勁地舞弄著，眾人忍不住拍手叫好。在這初春的月夜裡，法性寺歡聲雷動，數里外的人家都可分享它的快樂！突然「匡」地一聲鑼響，鑼鼓和獅子一齊歇下，只有那小丑繼續舞著，舞到了菩提樹下的石碑前。又是一聲鑼響，驚得圍觀的僧俗嚇了一跳，卻見那塊罩在碑上的綢緞，已被小丑掀了開來！碑上赫然現出數行漆著金粉的文字，那是一百七十年前智藥大師的預讖！全場掌聲如雷，鑼鼓又擂得喧天價響！那小丑將那紅色的綢緞罩在自己頭上，裝出新娘出嫁的模樣來，獅子環繞著這新娘子舞著，還伸出長長的舌頭親他、舔他，新娘子也裝出一副羞怯答答的神態，扭扭捏捏地逗弄著。這維妙維肖的表演，看得觀眾如痴如醉，延綿不絕的掌聲和叫好聲，幾乎要把整個法性寺的屋頂掀了起來！

只見那小丑又逗弄了一會兒，就直往大雄寶殿走去，那金毛獅子也蹦蹦跳跳地尾隨進去。鑼聲停了，只有綿綿密密的小鼓繼續擂著。這小丑來到了惠能的跟前，拿著扇子直搧著惠能，那金毛獅子則在地上翻滾，演出各種調皮討好的動作。隨即，小鑼大鑼又敲了起來，大雄寶殿只聽見震耳欲聾的鑼鼓聲，連人們的掌聲和歡呼聲也被掩蓋了下去！而那惠能端坐在寶座上，臉上綻放著笑容，在這初夜的燈光下，就像盛開著的滿樹桃花！他伸手在地上抓起一把落髮，往那小丑和獅子吹去，只見那吹散了的落髮，竟化作一朵一朵金色的小花，飄落在小丑和獅子的身上，有幾朵還隨風飄到了殿外的花燈下，圍觀的信眾擠成一堆地搶拾著！那小丑揭下頭上的紅色綢緞，拿在手上捏捏摺摺，竟摺成了一朵火紅的大蓮花，幾個碎步，已把它獻給惠能！惠能高興地接了下來，小心翼翼地捧在懷裡。卻見那小丑又把臉上的面具取了下來，眾人一看，才知道竟是駝背的瘋和尚！上千的觀眾不斷地鼓掌，給他最熱烈的讚賞。這瘋和尚高興得落下淚來，且更加賣力地繼續舞著，把那獅子慢慢地引出了大雄寶殿。

大雄寶殿剛剛平靜下來，卻見一個小牧童，手持蓮花，打從院子進得殿來。眾人定神一看，不禁都愣了一下，那不正是風幡之爭時來過的神祕童子嗎？只見他來到了佛壇前，恭敬地把花獻給了惠能，然後雙手合十，口唱詩歌，彷佛是在讚美惠能的出家，又彷佛帶給惠能什麼祕密的訊息：

當第一瓣雪花與第一聲春雷
將你底渾沌點醒——眼花耳熱
你底心遂繽紛為千樹蝴蝶！……

惠能接過了童子手上的蓮花，一邊複誦著童子所唱的歌詞，一邊將那金蓮插在釋迦佛像的前面，然後向印宗大師行禮答謝，就隨著童子出得殿來。初春的晚風裡，花燈與明月相互爭輝，矮牆下飄來陣陣桂花的香味。惠能尾隨著童子，繞著菩提樹和石碑三匝，然後漸漸消失在花叢小徑間！半晌，只聽得花叢中傳來童子的歌聲和惠能的複誦聲：

每一條路都指向最初
在水源盡頭。只要你足尖輕輕一點
便有冷泉千尺自你行處
醍醐般湧發。且無須掬飲
你顏已酡，心已洞開！

從此，惠能天天在法性寺的菩提樹下說法，一百七十年前智藥大師的預言終於實現了！

【註釋】

①本節所引詩詞，除了〈爐香讚〉外，其他都出自周夢蝶先生的〈燃燈人〉與〈孤峰頂上〉二詩。此二詩收集在其詩集《還魂草》頁一四一——一四九，台北、文星書店出版（出版年月原書未載）。

②〈瘞髮塔記〉及〈略序〉都說，惠能是在唐高宗儀鳳元（西元六七六）年正月十五日祝髮為僧。依此，這一年惠能是三十九歲。從本經〈咐囑品〉第十可以推知，本經也是採用此說。然依印順法師之《中國禪宗史》頁二一四所說，這一年應是唐高宗乾封二年（西元六六七年），惠能三十歲。本文仍依原經所說。

③《因果經》說：「爾時善慧童子見地濁濕，即脫鹿皮衣，散髮匍匐，待佛行過。」

十一、鬱鬱黃花無非般若①

青青翠竹，盡是法身。
鬱鬱黃花，無非般若！

——晉・僧肇句

初夏的向晚，陰霾的雲霧正綿綿靄靄地聚集著。一輪斜陽有氣無力地掛在半空中，像是一粒垂自天上，褪了光澤的紅繡球。法性寺外數里之遙的一泓明潭，寂寂閃著粼粼的水光。潭心聳起一個小島，一座古老簡陋的小寺，連同寺後的寶塔，孤寂地倒映在潭水中。

數十棟破爛不堪的茅屋，隨著起伏、蜿蜒的地勢，迤邐在潭畔的松柏竹梅間；那是一個隱居道人的別墅。

「看這天色就要下雨了，大師何不留宿一晚？」說話的正是那位白髮蒼蒼的道人。惠能、印宗，還有瘋和尚正向潭畔的渡頭走去。

「謝謝老施主！」惠能頭也不回地邊走邊說：「我怕寺裡有人正等著我們呢！」

「那就讓我送您們到對岸吧！」道人說：「我那船夫前些日子回去過端午，不知怎麼到現在還沒回來。」

眾人隨著那道人跳進了一條繫在渡頭的小船上。這小船正好容納四五人，破破爛爛的篷蓋下擺著一張矮小的木桌，凹凸不平的桌面上，刻著歪歪扭扭的交叉直線，那是克難式的圍棋盤。

天色越來越黑，雲霧越聚越濃，潭心的小寺水氣騰騰，潭畔的青山和茅屋也都褪了顏色，有些甚至被層層的霧氣吞噬掉了，遠處幾隻耕牛也消失了蹤影。這向晚的明潭成了只有黑與白的景色，像是一幅潑墨的山水畫！

「潭水這麼黑，風雨恐怕來得不小吧！」印宗環顧四邊，憂慮地說。

「初夏的傍晚，這兒總是風風雨雨的。」老道邊搖著槳邊說：「不過，請各位不用擔心，這雨最快也要一個兩時辰才來，我看二位師父就下盤圍棋解解悶吧！」

「這倒是個好主意！」惠能說著，往桌下找出棋子來。

自從正月十五日祝髮為僧後，惠能雖終日忙於講經說法，偶而也在菩提樹下，和印宗偷閒下下圍棋；有時候甚至還到附近的名勝古蹟遊玩一番，或拜訪一些信徒、道友。這惠能生性聰穎，加上得道開悟，心中本具的智慧、佛性大開，因此雖然一生不曾下過圍棋，卻在三四個月，打從定石學起，一路學到死活、打劫等等高深技巧，目前十盤中，竟也能勝印宗七八盤呢！

酣戰中，只見印宗雙眉皺得幾乎成了一條直線，惠能卻神態自若地輕搖蒲扇。圍觀的瘋和尚一反平時輕躁不安的舉止，傻愣愣地看得目瞪口呆。原來有一條獨眼的黑龍，打從棋盤的一角，歪歪斜斜地直向天元竄去，兩邊夾攻的白子，每下一子都像巨大的鐵槌，重重地打在黑龍的要害上！

「笨蛋！應該下這裡！」瘋和尚似乎更加情急，也不管印宗是他師父，更不管他只是個旁觀者，竟惡言惡語地將印宗剛剛落下的一粒黑子拔了起來，狠狠地尖在一粒白子的旁邊。

「哈哈！棋中不語真君子！」惠能搖了兩下蒲扇摸摸瘋和尚的光頭說。

「不錯，不錯！您說得不錯！起手無回大丈夫！」瘋和尚搔了搔脖子，既羞怯又理直氣壯地說：「因此，我既然已經下了這一子就不能再更動了！」

「哈哈！你倒滿會賴皮的！」惠能開懷地笑了起來，連那老道和愁眉苦臉的印宗，這時也忍不住笑出聲來！

「不過，即使你尖了這一子，你還是非輸掉這條龍不可！」惠能說：「因為你太過執著，一直想要逃脫我的夾攻，甚至還緊挨著我，想要給我一個反擊，卻那裡想到越是奮力而逃，越是逃不出我設下的牢籠！」

惠能在棋盤上指指點點，印宗和那瘋和尚狐疑地看著，連那忙著搖槳的老道，也放下槳來，引頸遙望著棋盤。惠能說著說著，最後總結似地說：

「印宗和你都犯下同樣的錯誤，不能把這一切看淡，報復、好勝之心太強；這非但對修行有害，就是對這棋藝的進步也有障礙！若能放下心來，打從整個大局來看，所謂『潛龍勿用』，也許情況反而會改觀哩！」

惠能停了半晌，神祕地又向印宗和瘋和尚補上了一句：

「二位應該多學禪定與般若呀！」

印宗若有所悟地點點頭，那瘋和尚卻滿臉狐疑地叫了起來：

「這和下棋又有什麼關係呢？什麼是禪定、般若呀？」

「心神凝聚叫禪定，智慧顯發名般若！」惠能搖著蒲扇，如詩如歌地唱了起來：「心量廣大，猶如虛空，無有邊畔。亦無方圓大小，亦非青黃赤白；亦無上下長短，亦無瞋無喜、無是無非、無善無惡、無有頭尾②！像這樣，超越對立，融化矛盾，不執著、不貪愛於方圓大小乃至善惡頭尾，就叫般若或禪定！」

惠能輕輕拍著瘋和尚的肩膀，又說：

「剛才，你把我當成了敵人，一心一意想要叫吃我、征服我。如此，矛盾顯現，對立產生，執著與貪愛，甚至怨懟與仇恨接踵而來！這樣，你還能夠照顧大局，能有如同虛空的廣大心量嗎？」

印宗和那老道都連連點頭，而那瘋和尚卻伏在船板上使勁地磕起頭來：

「謝謝大師指示！謝謝大師指示！」

那小木船被這瘋和尚磕得左右搖晃起來，幾幾乎把桌上的棋子甩了下去！惠能連忙捉住瘋和尚的手臂說：

「好了，好了！別把這船弄翻了，否則大伙兒要變成落湯鷄了！」

四人不禁仰天笑了起來！眼看著烏雲越聚越濃，潭畔的青山都隱在雲霧裡，只有潭心孤島上的小寺和靈塔，還隱隱約約地橫在眼前。夕陽從雲縫裡掙扎地爆出了幾道昏晦的金光，照得潭西的水波發出怪異的粼光；潭東卻是一片漆黑，越看越像一隻凶猛險惡的野獸，直向小船撲來！而那陰風也漸漸颳起來了！

「這風雨怎的來得這般快！」老道大感意外地說。

「世間的事情本來就難以捉摸，」印宗說：「更何況這風雨……」

印宗的話還未說完，雨點就夾著雷電，嘩啦啦地打了下來，彷彿全是為了印證他的話的！老道使勁地搖起槳來，頭上流了一臉的水，分不出是汗或是雨。那瘋和尚也找出一把預備用的木槳，賣力地幫著划水，小船在這風雨中左右晃了起來，就像一隻奄奄一息的困獸，痛苦地翻滾著！只那麼一會兒工夫，眾人全都成了落湯雞，連那篷下的惠能和印宗，也被淋得濕漉漉的。那老道單薄的棉布衫，緊緊貼在身上，胸上肌肉都透出褐紅的肉色來！

「我們只好先到島上的小寺避避風雨了！」老道說。

眾人沒有答腔；瘋和尚使勁地划著，惠能和印宗卻收拾著一粒粒濕漉漉的棋子。

好不容易船身才靠上小島的渡頭。眾人滿身泥濘地爬著一級又一級的石階，彷彿爬的是那通往三十三天，永無盡頭的天梯一般！風雨似乎越來越大，雖然時辰還只是酉末戌初，天色卻迅速黑了下來。來到這古拙的小寺，寶殿裡早已點燃了油燈。壇上供奉的是一尊坐在高腳椅上的彌勒菩薩，蛋臉兒，清瘦欲飄的身材，右腳翹起橫擱在左大腿上，左手扶著右小腳，右手卻托著顎腮、低眉、微笑、沉思著。左右是兩尊菩薩的立像。一邊站著阿娜多姿的少女，那是月光童子，彌勒的忠實弟子。另一道則是濃眉鳳眼的餉佉（ㄑㄩ qū）國王，乃彌勒的大護法；相傳五十六億年後，由於人們的擁戴，他將成為這個世界的聖王，在他開明的治理下，人間是一片歡樂的淨土；土地遼闊，交通發達，經濟平等，工商、醫學進步！沒有牢獄，沒有災厄，有的只是「自然出香稻，美味皆充足；諸樹生衣服，眾綵共莊嚴」，或「名花悉充滿，好鳥皆翔集；七行多羅樹，周匝而圍繞」！這時，彌勒菩薩將從天上降生在人間，修行、解脫、成佛；最後在一株名叫「龍華」的菩提樹下說法三次，廣度無量無邊的眾生！③

眾人端詳了一陣彌勒的慈容，就隨著老道不加思索地直往寶殿闖進。出來迎接的是一個身穿羅漢褂，手抓綠竹筍的女尼。這女尼六七十歲，一臉刻著飽受風霜的皺紋，卻掩不住那顆天真、熱情，又堅忍的悲心！

「打擾師父清安！」老道作揖地說。顯然，他們已是熱熟的朋友！

女尼放下竹筍，匆匆洗去手上的汙泥，又驚又喜又關懷地說：

「快把衣服換下，不然要著涼了！」

女尼好不容易才湊足四套衣服，捧了出來，眾人見她熱誠，只得進屋換下濕漉漉的衣服。連那老道也借穿了一套僧衣，瘋和尚還因此大大取笑了他好一陣子！

眾人圍在廚房的火爐旁烘著濕衣。老道還一一為大家介紹起來。那女尼聽說是六祖大師，連忙跪地叩了三下。不一會兒工夫，女尼已經熬好一鍋熱騰騰的薑湯，一碗碗端給火爐旁的眾人。薑湯一下肚，寒氣全消，大伙兒又恢復了精神。只見那老道邊喝邊問著惠能：

「請問大師！剛才大師說般若與禪定，那麼這二者有什麼不同沒有？」

「就我所知，這二者是一體的兩面。」惠能說，熊熊的光照得他的臉上放出異樣的光芒：「禪定是般若的源頭，而般若則是禪定的功用。唯有在心神凝聚當中，智慧的光芒才能顯發。這就像這屋裡的燭光一樣，燭火是光明的源頭，光明卻是燭火的功用，二者是不可分割的。而且，越是無風靜定的燭火，越能顯發出靈明的光芒！」④

「大家快把薑湯喝了。」女尼說：「我去把門窗關好，這雷雨天，總是有那長長的東西爬進來！」

「什麼！」那瘋和尚高聲叫著，還拉著長長的尾音，眾人都被他叫得心驚起來：「你是說蛇呀？」

「是啊！」女尼說。

那瘋和尚跳了起來揮手跺腳地直打轉，還連連叫了幾聲哎喲，一個不小心，踩在一片青綠的筍皮上，噗吱一聲，重重地摔在地上，跌得鼻青臉腫！眾人哈哈大笑起來，連那女尼也取笑著說：

「大男人，連個小蟲也怕！」

「你不怕，你為什麼要把門窗關得緊緊的？」瘋和尚又羞又恨地頂著嘴。

「我是為你好呀！免得你再摔一次跤，變了長蟲在地上爬！」女尼打趣著說。

瘋和尚見她取笑，作勢便打，七八十歲的老尼，竟一個箭步，繞著火爐轉了起來，一串串咯咯的笑聲隨著熊熊火光盪漾在潮濕的空氣中。沒想到那女尼腳力這般了得，任憑瘋和尚使勁地追趕，卻哪能傷到她一根汗毛！追了十來圈，瘋和尚終於氣喘如牛地停下揮汗，卻見那女尼若無其事地說：

「好了，別再胡鬧了！免得打斷大師說法！」

只見那老道又向惠能作揖問著：

「大師！般若除了能夠超越對立、矛盾，去除貪愛、執著之外，還有什麼大用嗎？」

「當然有！」惠能說：「事實上，日常生活的每一件事物都與般若有關！般若在行、住、坐、臥當中，般若在風、花、雪、月當中，般若在搬柴挑水、營商耕田當中！那青青翠竹，鬱鬱黃花，不也都是般若的顯現嗎？而最大的功用莫過於培養一顆堅忍不拔、無所畏懼的菩薩心腸。有這心腸，才能不厭世間、地獄的艱難、困苦，生生世世為苦難眾生而奔波！所以，《般若心經》說：『依般若波羅蜜多⑤故，心無罣礙，無罣礙故，無有恐怖！』」

「咦？這就怪了！為什麼學般若就會無有恐怖呢？」那瘋和尚搔首弄姿地問。

「那是因為般若去執著、去貪愛，而眾生最大的貪愛、執著是生命，若能修得心裡空蕩蕩、磊落落，則何懼之有！」惠能說著，破顏笑了起來：「像你剛才跌了一跤，白白疼了一陣，還不是執著生命，深怕為蛇傷害所致嗎！」

瘋和尚不好意思地搔搔頭，卻連一句話也不敢答腔。只見惠能又悠悠說了起來：

「般若又叫空慧，也就是體悟『空』的智慧。有人一聽到『空』就害怕起來，說是悲觀消極，或說破壞因果！其實，以般若慧修得心裡空蕩蕩，連生命都不執著地奉獻給眾生，才真正是積極救世的大無畏精神哩！有些世間的學者，只講經世致用，卻看輕空慧的證成，又如何能夠濟世救人呢！」

這時，那女尼已關好了門窗，雙手抱了一大堆竹筍，擠到火爐邊來。只見她一邊把竹筍拋入爐裡，一邊卻對著大家說：

「我來烤點竹筍充當晚飯，我想各位都沒有嘗過烤筍吧！」

「嗯！一定既香又甜！」印宗說。

「今天大師難得光臨敝寺，也該讓我請教請教，別老是讓你們三位搶去機會了！」女尼邊烤邊說，也不管別人同不同意，就問起問題來：「我這寺裡供的是彌勒菩薩，我想你們也看到了。經上說⑥，這彌勒菩薩『不修禪定，不斷煩惱』，又說他『具凡夫身，未斷諸漏（煩惱）』。請問大師，這是什麼意趣？」

「這也是由般若所顯發出來的平凡精神！」惠能不假思索地說：「依照佛法來說，一個凡夫如果修了禪定，斷了煩惱，就脫離世間，成了解脫的聖者。菩薩悲憫眾生，為了救度無量無邊苦難的眾生，因此不修禪定，不斷煩惱，為的是要生生世世做一個不解脫的凡夫，以便留在世間度化眾生！這就像地藏菩薩說的：『地獄不空，誓不成佛』呀！」

「對了！難怪經說，他要等到五十六億年後才下生人間解脫！」女尼說：「這五十六億年的救苦救難，是多麼長久的一段時間呀！……但是，這又和般若有什麼相干呢？」

「剛才說過，般若是有關『空』的智慧，可以去除對生命的執著與貪愛。」惠能說：「一個執著生命、貪愛生命的人，必是一個自私自利的人，一個自私自利的人，必是不顧苦難大眾，只想自己斷除煩惱、得到解脫的人！所以，越是了解般若的菩薩，越是平凡的深入下層社會的菩薩！」

「太妙了，太妙了！我禮拜了一輩子的彌勒，卻到今天才知道彌勒的偉大！」女尼叫了起來：

「來來來！請大家嘗嘗這烤筍的味道。別忘了，這裡邊也有般若喔！」

「你真會現買現賣呀！」

瘋和尚向那女尼挖苦起來，眾人聽了也都啞然失笑。

熊熊的爐火，照得四周的空氣熱騰騰的、大伙的慈悲心卻也像是火中蓮花，鍛鍊得更加堅強了！那女尼又忙著招呼眾人吃起烤筍來，「果然是又香又甜！」眾人嘖嘖叫了起來。卻見那瘋和尚拍拍老尼的肩膀說：

「喂！廁所在那裡？借個方便吧！」

「這笨驢，連個廁所也要問我！」女尼抱怨起來。

「不問怎麼知道？」瘋和尚抗辯著。

女尼心不甘情不願地帶著瘋和尚去廁所，還故意嚇唬他有長蟲，要他好好修般若，然後拋下瘋和尚獨自回座吃筍。廁所裡傳來「哎喲喲，等等我呀！」的叫聲，眾人不禁笑了起來。只見那沉默已久的印宗，這時卻突然發起問來：

「大師！彌勒既然這般慈悲，為什麼不索性現在下生，非要等到五十六億年後才下生人間呢？」

「這還用問！」女尼搶著回答：「彌勒的慈悲雖是人間淨土的主因，而餉佉王的仁政和全體的眾生的努力建設，卻也是不可或缺的助緣！人間淨土是菩薩和眾生共同奮鬥的成果，自然不是一天兩天所能完成的了！」

「是的！法師說得不錯！」惠能附合著，雙眼閃著異樣的光芒：「讓我們多多學習般若，以堅定心志，追隨偉大的彌勒菩薩，來共同改造社會，完成這人間淨土吧！」

「南無當來下生彌勒尊佛！」女尼激動地高唱起來。

「誰在叫我呀？」一股陰森的聲音，傳自女尼的背後。

女尼驚出一身汗來，猛一回頭，才知道上了那瘋和尚的大當！七八十歲的修行人，像十五六歲的小姑娘，天真無邪地追起瘋和尚來！那瘋和尚抱頭鼠竄，卻耐不過這女尼的體力，不一會兒工夫就被捉住領口，女尼拾起地上的筍皮，使勁打著瘋和尚的光頭，還咯咯咯地響起了一串笑聲。

「好了，好了！」惠能起立合十說著：「風雨停了，衣服乾了，肚子也飽了，我們該趕路了！」

女尼停下手來，狠狠白了瘋和尚一眼，笑咪咪地對著惠能說：

「天這麼晚了，何不在小寺暫住一宿？」

「不！寺裡還有人等著呢！」惠能說。

「那我就不勉強了！」

咿呀一聲，女尼，老尼打開了廚房的小柴門，一片窺視已久的月光射進屋來，那老道大叫了一聲，喃喃地讚美起來！眾人踩著月色，下得一級級的石階，那瘋和尚卻自言自語地說起來：

「這草叢裡，會不會有長長的呀？」

「多學般若呀！」印宗說。

「對，對！慚愧，慚愧！」瘋和尚自己打著嘴巴說。

「打得還不夠響！連那長長的都沒聽到，小心牠們不放過你！」女尼挖苦著。

「去你的！老子不打了！」瘋和尚說著，朗朗地念起《心經》的經文來：「依般若波羅蜜多故，心無罣礙，無罣礙故，無有恐怖……」

眾人趁著月色，跳上了小船，不一會兒工夫，女尼已消失在黑夜中了。只有那小寺的燈光，和著寺後寶塔的倒影，在潭水中隱隱約約地盪漾起來！一輪初虧的明月，在這雨後的初夜，騰騰躍出水面，顯得分外明亮。遠處是高低起伏的層巒，寂寂地映在放著微光的天幕上。槳聲淙淙，只聽那老道悠悠地唱了起來：

手搖般若槳，直探空水月兮！

那印宗也隨聲唱和著：

無風浪花起，粼粼禪定光兮！

【註釋】

①本節談論般若、禪定等各段，乃取材自本經〈般若品〉第二、〈定慧品〉第四、〈坐禪品〉第五：原經說，這數品乃惠能在韶州大梵寺（位於今廣東省曲江縣）所說。除此之外，本節其他各段內容及人物，都是作者杜撰。

②以上數句乃本經〈般若品〉第二中原文。然原文乃解釋「摩訶般若波羅蜜多」（廣大圓滿之智

慧）一詞中的「摩訶」二字，而實際上卻是「般若」一詞的真義。（按：「摩訶」二字是「廣大」的意思。）

③按月光童子典出《月光童子經》、《佛說法盡經》、《德護長者經》、《寶雨經》及《申日經》等，傳說是皈依彌勒的弟子。《申日經》說：「月光童子當出於秦國（中國），作聖君，受我經法，興隆道化！」《德護長者經》也說：「此童子於……大隋國內作大國王！」又依《佛說彌勒下生成佛經》所說，五十六億年後，世間將成美麗安和的淨土，彌勒也將下生成佛，當時有一明君聖主，即餉佉國王。很顯然地，月光童子與餉佉王被視為同一人，而且生在中國！（因此，有學者懷疑那些有關月光童子的經典，乃是中國人所偽造的！）又，本段引號中的詩句乃出自唐．義淨所譯之《佛說彌勒下生成佛經》。

④此段乃本經〈定慧品〉第四的大意。該品一開頭的經文說：「我此法門以定慧為本。大眾勿迷，言定慧別。定慧一體，不是二。定是慧體，慧是定用。即慧之時定在慧，即定之時慧在定……」

⑤「般若波羅蜜多」譯成「智慧到彼岸」，意思是圓滿徹底的智慧。

⑥詳《佛說彌勒菩薩上生兜率陀天經》。

十二、菩提樹下

百園大樹兩三柯，枝幹紛披卵葉多。
智藥持來非誑說，能傳故事有頭陀！

——清・澄波詩

一日，正是天高氣爽的秋天，幾片兀兀垂在枝幹上的楓葉，於靜定的空氣中寂寂地飄墜下來。秋深了，法性寺的院子裡落滿了楓紅。

秋日的夕陽，偃偃地掠過低垂的菩提樹葉，斑斑塊塊照在一張擺著茶具的石桌上，桌下一食小火爐，煮著一壺熱氣騰騰的開水。惠能和印宗正在菩提樹下品茗論道；數十位衣著整齊的僧人，自在安詳地坐在院裡的石階、假山間，靜靜地傾聽著。遠處幾戶農家的竹籬上，爬滿開著黃花的瓜藤，那應該是過了節氣的、遲開的絲瓜花吧！

知客僧滿面愁容地跑了過來，緊緊貼在惠能的耳邊竊竊私語。惠能揮了揮手望著一片枯黃了的，似乎就要落下的菩提樹葉，然後繼續和印宗品茗論道。知客僧合十點了點頭，又匆匆離去。眾僧左顧右盼，漸漸輕躁起來。

只一會兒工夫，一個手執禪杖，衣著講究的年輕和尚，緊跟在知客僧後，走到惠能的跟前。禪杖搗地的篤篤聲，震得周遭的空氣突地緊張起來！

「你叫什麼名字？從什麼地方來？你心裡一定有鬼，為什麼來到這裡，還不向我頂禮？哼！」惠能一口氣問了許多問題，連頭也不抬就拿起茶壺，沿著茶盅的邊沿，嗬嗬嘎嘎地沏起茶來。

「我叫法達①，江西洪州人。七歲出家後，就常常誦念《法華經》，至今已經念了三千多遍了！」這年輕和尚說著，把頭一揚，篤的一聲，禪杖重重地搗在地上，卻連六祖也不看一眼！

「像你這般傲慢的模樣，再念一百萬遍也沒有用！」惠能為印宗斟了一杯清茶，說：

「你名叫法達，卻何曾達法！修道人不知謙虛，即使讓你修成，不也成了一隻傲物害人的惡魔嗎！」

惠能啜了一口茶，右手在石桌上輕輕拍著，自顧自地唱起歌來：

禮本折慢幢，頭奚不至地？
有我罪即生，亡功福無比！
汝今名法達，勤誦未休歇。
空誦但循聲，明心號菩薩！
汝今有緣故，吾今為汝說。
但信佛無言，蓮華從口發！②

那年輕和尚靜靜聽著，臉現猶豫之色，卻依然傲慢無禮地站著。菩提樹上嘎地一聲，一隻秋蟬隨著一片枯葉落下地來。惠能上前拾起那隻已經跌得有氣無力的病蟬，百般悲憫地端詳一番，然後輕輕擲向空中。那秋蟬嘎地一聲，奮力振翅飛將起來，在這深秋夕陽的餘暉下，卻顯得病弱無力，幾個衝刺，才勉強衝入花叢中去。惠能見牠安全地飛走，於是轉過頭來望著那年輕和尚說：「你既然常念《法華經》，一定知道經中所說的開佛知見、示佛知見、悟佛知見、和入佛知見吧！」

年輕和尚移了一下腳步，驚奇地望了惠能一眼，禪杖篤地搗在地上，這次卻輕得幾幾乎聽不到聲音。只見惠能啜了一口茶，又繼續說：

「這開、示、悟、入，所開、所示、所悟、所入的是什為呢？是佛的知見，也就是覺悟的知見！這佛的知見、覺悟的知見，我人本來就已具足。經典上稱之為覺心、自性、佛性、如來藏、或正法眼藏等等，有時也稱之為菩提或般若。」

這時，那駝背的瘋和尚打從眾僧當中跑了出來，在那年輕和尚的四周轉了幾圈，然後指指點點地說：

「怎麼樣，服了吧？一代大師為你開、示、悟、入，你還不頂禮答謝！真是個增上慢人呀！」

年輕和尚臉上漸漸現出慚色，雖然依樣地昂首呆立著，卻也不得不故意左顧右盼地掩飾心中的羞恥與煩躁。那瘋和尚躡起腳跟，雙手扳著比自己還要高壯的年輕和尚的肩膀，試圖要那和尚彎下身來，嘴裡卻咕噥地嚷著，彷佛在哄騙一個不經世的小孩一樣：

「快！跪下來！乖，喔！」

那年輕和尚掙脫了瘋和尚的糾纏，將那金光閃閃的禪杖重重地搗在地上，禪杖竟深深地插入土中！刺耳的撞擊聲打破了周遭的沉寂，靜靜坐著的眾僧也都不禁驚跳起來！印宗大師見這景況，大聲呵叱著：

「不得無禮！下去！」

瘋和尚摸摸鼻子，一臉驚嚇地竄回自己的座位。半晌，惠能又慢慢說了起來：

「貧僧蒙五祖弘忍的錯愛，一生只跟他老人家念過一次《金剛經》，卻因《金剛經》中短短的一句經文而開佛知見乃至入佛知見。就我所知，一切經典都在顯發我人本具的覺心、佛性、或般若空慧。然而，什麼是覺心？什麼是佛性？什麼是般若呢？不思善、不思惡，不思長短、方圓，不思生死、解脫，不思天上、人間，像這樣，超越於一切的對立、矛盾，達到空蕩蕩、磊落落的心境，沒有貪愛與執著，就叫佛性，就叫般若！」

惠能說著，目光炯炯地盯住那年輕和尚，只見他低頭沉思，一陣喜一陣憂，又一陣羞愧靦覥的模樣。苦悶的氣氛中，卻聽得惠能重重地嘆息了一聲，又說：

「唉！讀經原本不在次數的多寡呀！」

就在惠能這麼一聲唉下，那年輕和尚突然跪地禮拜起來！磕得地上乒乓作響，口裡還一直嚷著：

「弟子無禮，請大師原諒！」

「法達！趕快起來！貧僧請你喝一杯淡茶！」惠能上前扶起那年輕和尚，笑嘻嘻地斟了一杯冷茶，捧給一身泥灰的年輕和尚，然後繼續說：

「真理是無形無相，不可言說的！經典不過是在這種不可言說的情況下，強以語言文字來說明罷了！真理如彼岸，文字如舟船；舟船可以救渡我們到達彼岸，卻不能因此就以為舟船即彼岸，更不可因此而將舟船永遠背在身上！愚者迷失在文字音聲的美麗陷阱，智者卻能跳出這陷阱，而見到我人本具的佛性與真理之光！」

「感謝大師的開示！」法達雙手合十，悲欣交集地說：「這些年來，我不過是一個背負舟船、死屍的禿子，平白耗費了寶貴的光陰！但願今生今世能夠隨侍大師身旁，還望大師恩允！」說著，將那冷茶一口咽下，然後向惠能一拜，就獨自找著一塊石板，坐了下來。從此，法達跟隨著惠能到處弘法，成了惠能的十大弟子之一③！秋日的夕陽，隔著層層的彩霞，綻出幾道金光，照得菩提樹的葉子都染上金黃。在法達看來，一生中，這是最最美麗的一個黃昏了！

這時，那不甘寂寞的瘋和尚又跌跌撞撞地走出人群中來，一邊搔首弄姿，一邊高聲朗誦著一首臥輪禪師所作的詩來，彷佛深怕別人聽不到似的！

臥輪有技倆，能斷百思想。
對境心不起，菩提日日長！

瘋和尚蒼老瘖瘂的聲音縈繞在這菩提樹下，印宗卻從座上站起喝斥一聲：

「快下去了！又是你在裝瘋賣傻！」

「誰說我裝瘋賣傻來著！我在說般若哩！」瘋和尚歪頭斜眼地瞄了印宗一眼，一者委屈一者得意地說。

「別胡鬧了，快下去！」印宗揮揮手，不耐煩地說。

「哈哈！大師也太心急了！」惠能雙手合十，向印宗行了一禮說：「他的確正在說般若呀！」

印宗愣了一下，面有慚色地坐回自己的位置。那惠能卻笑嘻嘻地向著瘋和尚說：

「師兄！這詩還沒有見到我們本具的佛性！讓我也來吟上一首，與它和一和！」

說著，惠能擊掌晃腦地唱了起來：

惠能沒技倆，不斷百思想。

對境心數起，菩提作麼長！④

「咦？這就怪了！」瘋和尚聽了這詩，不禁叫了起來：「既是般若，應該是不思善、不思惡的，心中空蕩蕩的，怎的您卻說什麼不斷百思想，又說什麼對境心數起呢？你真是我的師弟呀！」

「哈哈！師兄誤會了！」惠能又是合掌一禮，說：「般若所證得的『空』，並不是什麼都虛無的『頑空』！因此，不思善、不思惡，也並不是斷掉思想，弄得善惡不分，是非不明。而是在分辨善惡、是非當中，不起任何貪愛、執著！」

「喔！對了，對了！」瘋和尚似乎想起了什麼，興奮地說：「您跟我們說過，般若是在分辨善惡、是非、美醜、長短當中，卻不因事物的美善而貪愛、奉承，也不因為事物的醜惡而厭恨、怨懟！而是以平等無有差別之心，空蕩蕩、磊落落地觀察事物的本來面目！對吧？」

「不錯，不錯！」惠能連連點著頭說：「般若在美善、醜惡當中，在是非、長短當中，在宇宙間的一花一草、一舉一動當中！般若是最最平凡的東西，不在遙不可及的天堂，而在你我生活著的世間！所以自從五祖付法給我之後，我才知道我是如此的平凡，如此的孤露，如此的一無所有，沒有技倆！」

「喂！我說好師弟呀！不，不！大師呀！」瘋和尚語無倫次地說：「您真是一代大大祖師呀！」

瘋和尚正興奮得忘形蹦跳時，一個名叫智常⑤的和尚，站到眾人前面，向惠能頂禮叩頭，說：

「弟子智常，是江西上饒縣人⑥，從小出家，立志要見到自性。最近曾到江西南昌⑦的白峰山去參禮神秀大師，請教有關見性成佛的道理。結果神秀大師告訴我，所謂自性就像虛空一樣，了無一物可見，無有青黃長短，只是靈靈明明、清淨不染的空無！弟子雖受神秀大師指點，卻依然不能悟入，可否請大師慈悲，再為弟子解釋一遍？」

說著，又往地下叩起頭來。惠能等他說完，不假思索地說：

「神秀大師所說，還未見到自性，因為他仍然存有虛無的空見！」

惠能沉思一回，沒有繼續說下去，卻開始唱起歌來：

不見一法存無見，大似浮雲遮日面。
不知一法守空知，還如太虛生閃電！⑧

那智常一聽，全身毛孔張開，如電光石火般地體悟了宇宙間最極珍貴的真理！忍不住淚眼潸潸地和著歌來：

無端起知見，著相求菩提。
情存一會悟，寧越昔時迷！⑨

「喂喂！你這是幹什麼呀？」瘋和尚見那智常哭泣，跑近前來猛搖他的身體，說：「好端端的一把鼻涕一把眼淚，也不害臊！來來來！我耍個把戲逗你笑笑！」

說著，那瘋和尚又是翻觔斗又是扮鬼臉，直弄得全場拍手大笑起來，連那智常也忍俊不住，噗哧一聲，噴出笑聲來！惠能趁機又提起火爐上那壺熱騰騰的開水，骨碌骨碌沏起茶來，印宗也懶得去阻止瘋和尚的胡鬧，只顧忙著抹石桌、洗茶杯。不一會兒，那瘋和尚鬧夠了，慵慵地倚在放生池旁的假山上休息。秋天的夕陽，放出最後一道金光，消失在遠處低低的山巒間。惠能看見大眾的情緒平穩了下來，於是又繼續對智常說：

「自性雖說是超越青黃長短的矛盾、對立，卻也不是空無所有的虛無！沒有解脫的凡夫，見山是山、見水是水；已經解脫的聖者，見山也是山、見水也是水！聖者與凡夫所生活的時空原來是同一個。聖者是平平凡凡的，不離世間的聖者！沒有不見、不聞、不覺、不知的聖者，而是在見聞覺知之中，不貪愛、不執著罷了！所以我說，神秀把自性般若比喻為虛空是錯了！」

惠能說著，停了半晌，看似讚美又看似感慨地嘆息一聲，說：

「唉！平凡的、沒有技倆的，不離世間而積極救世的聖者，是多麼難求呀！」

這時，殿裡傳來嘹亮的梵唱，低沉的大鼓聲，咚咚地震著眾僧心裡齊起共鳴。法性寺例常的晚課時間到了！惠能放下手中的茶杯對著大眾說：

「天色已經黑了，明天再談吧！」

印宗領著眾僧向惠能行了一禮，然後魚貫地直往大殿走去。梵唱中，只聽得院裡矮牆下，一個僧衣翩翩的和尚，正眺望著滿天晚霞，低聲吟著詩歌。那是六祖大師盧惠能！

佛法在世間，不離世間覺。
離世覓菩提，恰如求兔角！⑩

【註釋】

①本節有關法達皈依惠能的經過，出自原經〈機緣品〉第七。由經中一首詩看來，（即「經誦三千部，曹溪一句亡……」）這段故事似乎是發生在曹溪寶林寺。目前為了情節上的方便，作者將之安排在本章中說明。

②此三首詩偈（四句一首）中的第一首，原經與第二、三首分開；第二、三首則連在一起。

③詳原經〈咐囑品〉第十。

④有關臥輪禪師的事蹟不詳。原經〈機緣品〉第七最後提到這則故事，卻未說明發生的地點。本書為了情節的方便，將之安排在本章。臥輪禪師的詩大意是：我臥輪道行高得很，能夠不思不想，面對五花八門的外境，也能不起心念，這樣，我的智慧（菩提）就日日增長起來了！其次，惠能的詩則說：我惠能沒有什麼本領，也不斷除思想，面對外境時，心念屢屢生起，而一切皆是虛妄，那麼智慧又有什麼用！

⑤本節有關智常皈依惠能的經過，出自原經〈機緣品〉第七。原經並未說明故事發生的地點。然而從智常參禮神秀的記載看來，此事應發生在惠能五十三歲左右，當時惠能可能已在曹溪寶林寺或韶州大梵寺。本書為了情節需要，將之安排在本章。（按：自從神秀五十六歲離開憑墓山

後，一直隱居到西元六八九年，神秀八十五歲時，才出來傳法。此時惠能已經五十三歲了。詳《傳法寶記》及印順法師之《中國禪宗史》第五章第一、二節。）又，依原經〈咐囑品〉第十所說，智常亦為惠能十大弟子之一。

⑥原經作信州貴溪人，即今江西上饒縣人。

⑦原經作洪州，即今江西南昌。

⑧這詩大意是：以為解脫是空蕩蕩的看不見任何東西，那就像浮雲遮住了日面一樣，智慧的光輝喪失了；這種存有虛無見解的修行人，哪裡能夠知道這是錯誤的，就像空中生起雷雨閃電一般，依然煩惱無邊呢？

⑨這詩大意是：沒道理地忽然生起錯誤的想法，以為菩提智慧是可強求的；正因為像這樣心裡存有一絲急求開悟的想法，反而不能超越迷茫、得到解脫了！（這首詩及上一首詩，都勸我們不要心存空見，以為解脫是入於虛無之境，而遠離了人群、世間。）

⑩本偈出自原經〈般若品〉第二中的〈無相頌〉最後，其中，「兔角」是比喻虛幻不實的東西，指不可能存在的東西。

十三、寶林寺①

十方同聚會，個個學無為。
此是選佛場，心空及第歸！

——唐．龐蘊詩

離開廣州法性寺已經將近一個月了，惠能帶著法達、智常、瘋和尚，還有幾個法性寺的小和尚，僕僕風塵地直往北方七百多里外的曹溪走去。那是惠能出家後的第二年春天。

「像這樣趕路法，我這把老骨頭都快給趕散了！」瘋和尚揮汗抱怨著。

「誰叫你要跟來！」法達說著，白了瘋和尚一眼。

「大師！」瘋和尚沒有理會法達的責難，卻反而快步追上惠能，興奮地說：「我在法性寺待了一輩子，從來就沒有那麼熱鬧過呢！」

惠能知道他正在說臨行時的情景，腦海裡也不禁浮現當時的盛況。一千多名僧俗，在印宗大師的率領下，一路送出數十里外，才一個個依依不捨地折回；有一些信眾還像先鋒隊一般，在十幾天前就趕去曹溪布置迎接的場面。惠能見這瘋和尚說得興奮，偏了一下頭向他莞爾一笑，然後指著一峰接一峰的山巒，淡淡地說，想必是為了安慰那看來似乎已經非常疲憊的瘋和尚：

「過了這山就是曹侯村了，十幾年前我曾經在那兒避過難！」

洶湧澎湃的思潮，彷彿因為自己不經心的一句話，而像層層起伏的山巒一樣地盪漾起來！十六年前，負著五祖的的遺命，打從憑墓山，經過大禹嶺、曹侯村，一路逃到懷、會之間的獵人隊裡，一身貧困孤寂、命如懸絲，好不容易才在法性寺裡靜靜度過一年。如今，卻為了七百里外，曹侯村裡寄來的一封請柬，披星戴月地奔走前程！

只因那偌大的一封請柬裡，除了一篇文情並茂的邀請書外，還署著數百位故人的名字，幾幾乎乎所有曹侯村的每一戶人家，都在上面簽了名。甚至在請柬的最後，還琳琅滿目地塗著形形色色的符號，想必是一些不識字的村民所作的「簽名」吧！惠能想著想著，雙眸放射出異樣的光芒，劉志略、無盡藏、還有那曹善人的音容，一幕幕地映現眼前！

這一天，一直到了黃昏，大伙兒才越過層層的山巒，來到曹侯村的一戶人家，卻比預計的時間早到了一兩個時辰。竹籬內，茅屋數椽，靜靜地坐落在微波盪漾的池塘邊。一個看來像是瞎了眼的老婆婆，穿著單薄的襖子，正坐在屋前曬著夕陽。池塘裡，浮萍點點，一株枝椏參差的苦楝樹，低低掠過水面，張牙舞爪地直向蔚藍的天空伸去。樹下數撮碧綠的空心菜，正盛開著白色的喇叭花，有幾朵，竟蜿蜒匍匐地垂在池面上；一隻紅色的蜻蜓上下飛著，半晌，寂寂不動地憩息在那潔白的花瓣上！

「兒呀！是你回來了嗎？」那瞎眼的婆婆興奮地問著。

「是過路的！」惠能答：「麻煩老婆婆給我們幾杯開水！」

「喔！我還以為是我那兒子呢！」老婆婆聽出來有好幾個人的腳步聲，似乎有點失望地說：

「我行動不太方便，請你們自己去拿吧！就在廚房灶上。」

法達和智常終於找到了一大壺水，端出屋來讓大伙兒喝著。

「一人一盅就夠了，馬上就到曹侯村了！」惠能說。

「原來你們也到曹侯村呀！」那瞎婆婆興奮地說：「這些天來可熱鬧著哩！天天都有

人打從我們這兒經過，都說是到曹侯村去瞻仰六祖大師的！」

惠能聽她這麼說，竟愣了一下。那瞎婆撐著一把竹製的枴杖，兀兀地站了起來，既好奇又興奮地問著眾人：

「你們有誰認得六祖大師呀？」

「嘿！你眼前就……」那瘋和尚搶著說，卻被惠能打了一掌，嗆著喉嚨，噴出一鼻子水來！瞎婆見眾人沒有回答，又自言自語起來：

「聽說那六祖大師今天晚上要到咱們曹侯村來，我那兒子也是為這事跑到城裡去啦！」

「喔？」惠能好奇地問：「到城裡去幹什麼？」

「你不曉得！」瞎婆解釋著：「咱們曹侯村家家戶戶都巴望著六祖大師駕臨，村長建議每戶預備一盞燈籠，好來迎接大師呀！我那兒子就是為了這事上城裡去幫一個親戚糊燈籠的。據說這幾天裡糊燈籠的商店都閉門趕工，深怕再有新的客人上門哩！」

「這多浪費呀！」惠能喊了起來，彷彿說給瞎婆聽，又彷彿說給自己聽！沒想到為了自己，竟讓曹侯村的人們白白浪費金錢，又白白化耗時間！

「咳！快別亂說！」瞎婆責怪了起來：「十幾年前，六祖大師曾在咱們這兒住過，對咱們曹侯村有大恩德。後來不知怎麼搞的，竟不告而別！咱們村裡的曹善人，還有那劉志略，到處打聽，才在最近幾個月前，從一個遊方僧那裡知道他的下落。那曹善人馬上寫了一封請柬送給大師，咱們曹侯村家家戶戶都簽了名，連我這瞎老人，也胡亂畫一個圈圈在後面哩！」

老婆婆說著，從懷裡掏出一朵火花的絨布花來，興致勃勃說：

「你們看，我眼睛雖然瞎了，卻摸索著縫了這麼一朵花兒，一雙手不知給那針尖刺傷多少次哩！我要親自把它獻給大師呢！」

惠能端詳著那朵不成花形的絨布花，眼裡閃爍著異樣的光芒，半晌，才慢慢地對那瞎婆婆說：

「老婆婆！您有沒有針線，我來幫您把這朵花縫牢一點！」

「好哇！」瞎婆高興得叫了起來，一邊說一邊進屋找著針線：「要不是說這幾年來眼睛瞎了，才要勞煩你，若是年輕時候呀，我是全村手藝最靈巧的呢！」

惠能將那絨布花左摺右疊的，卻愈弄愈不成形。十幾年來，一直在獵人隊裡過活，雖然洗衣、縫補都得自己動手，對這精細的女紅卻也無能為力！瘋和尚見這情景，將花從惠能的手上搶了過來，一邊縫縫摺摺一邊驕傲地咕噥著：

「您的手藝還差著呢！不像我從小就喜歡縫縫綴綴，現在工夫是愈磨愈老練了！」

果然，幾個摺疊，那絨布花已經成了形，遠遠看去，活像一朵盛開著的紅薔薇！瘋和尚小心翼翼地把它捧給瞎婆婆，瞎婆婆高興地接過來說：

「這位先生呀！這朵花的所有功德都回向給你吧！」

「不！我不過是幫個小忙罷了！我把功德還給您！」瘋和尚說，裝出一副物歸原主的模樣來。

「老婆婆！您真懂得般若呀！」惠能讚歎地說。

「咦？你這口氣真像那六祖大師哩！」瞎婆說。

「他本來……」瘋和尚嚷了起來，卻又被惠能打了一掌，只得把話吞回去！

只見那老婆婆泛白的雙眸閃著淚光，彷彿想到了什麼值得回味的往事，悠悠說著：

「記得十幾年前，六祖大師駐錫在寶林寺的時候，有一天，我也縫製了一朵大白蓮花獻給大師。當時，大師看著那朵蓮花，高興地對我說：『您真是功德無量呀！』我當時回答說：『我希望把一切的功德回向給無量無邊苦難的眾生！』結果大師就像你剛才的口氣說：『您真懂得般若呀！』後來他又對我說，所謂的般若是要遠離任何貪愛執著，那怕是行善的功德，或成佛的渴望，都不可貪愛執著！當時我聽了也不太懂，現在年紀大了，似乎才懂得一點！」

惠能聽著聽著，彷彿也勾起了那幕褪了色的往事，不禁含笑點了點頭。春日溫暖的太陽已經快要下山了，池塘邊一隻褐色的小蝸牛悠閑地爬在苦楝樹上。老婆婆扶著枴杖呆呆佇立在竹籬邊，彷彿都瞎了的雙眸又看到金光燦爛的晚霞似的！大伙兒已經把一大壺開水喝得精光，惠能向那瞎婆行了一禮：

「天色不早了，我們該上路了！」

「謝謝老婆婆的茶水！」眾人異口同聲說。

是夜在一鉤初明的彎月下，惠能領著眾人，來到這闊別已久的曹侯村。一進村裡，就看到家家戶戶掛著燈籠，每一個燈籠雖式樣不同、顏色也不同，卻都寫了一個各不相同的大字，一時之間也沒細想這裡頭的名堂！

忽然，大伙兒看到不遠處的一株大樹下，擠了一大堆人，那是曹侯村具有象徵意義的一棵古老的榕樹。粗壯的村夫們，袒胸露背地抬著一乘轎子，直往樹下走來。一支擂得震天價響的鑼鼓隊，也緊跟在後面前進。數十個村民，提著各式各樣的燈籠圍繞在轎子的周遭。惠能近前一看，才知道那是久別了的劉志略和曹善人，領著眾人前來迎接他的！

劉志略一眼就認出惠能大師，他大聲狂叫起來，隨即跪地叩起頭來。曹善人也領著眾人急忙跪下。大鑼連敲了十幾下，一串又一串的鞭炮劈劈拍拍地響了起來，家家戶戶提著燈籠，扶老攜幼地直向大榕樹下圍來。惠能被簇擁著坐上轎子，人們把原本就狹小的馬路擠得水洩不通，那四個年輕力壯的轎夫，使出渾身的氣力，好不容易才把轎子抬出人群，搖搖晃晃地直向曹善人的宅院奔去。

這天晚上，惠能等一行就在曹善人的家裡吃了一頓豐富的素齋，連那看來已經老態龍鍾的無盡藏尼師也被請來作陪。

晚飯後眾人圍在後花園裡休息。品了幾道香茗後，惠能就向曹善人告辭，預備去寶林寺裡過夜。曹善人見他語氣誠懇，也就不再多留。宅外鑼鼓又擂了起來，一出門，才知道數以千計的各式燈籠，已經被集中起來，掛在一個十幾丈高的大架上。據說曹善人和劉志略兩人就各出了一千個燈籠！眾人現在才看清楚，燈籠上寫著的大字，正是《金剛般若波羅蜜多經》的經文！那瘋和尚看了恍然大悟，忍不住跳了起來，神態儼然，一字不苟地高聲朗誦著燈籠上的經句：

如是我聞，一時佛在舍衛國……菩薩於法，應無所住行於布施！所謂不住色布施，不住聲、香、味、觸、法布施……

轎夫抬著惠能，搖搖晃晃地跟在鑼鼓隊後遊村一周，就像神明出巡的慶典一般！家家戶戶在門口擺著香案禮拜。那掛著數千盞燈籠的大木架，也在數十名壯丁的護持下，跟著群眾遊行！足足半個時辰，歡送的隊伍才走出村來，卻在半路上被一對母子攔住。惠能掀開轎門的簾幕一看，那不正是黃昏在村外遇見的瞎婆婆嗎！

「老婆婆！您要送花給我嗎？」惠能一邊下轎，一邊喊著。

「是誰呀？這聲音好熟呀！」

「是六祖大師！」一個中年漢子低聲對瞎婆說，那是一直攙著她身體的兒子。

「哎喲！是大師呀！」瞎婆婆說著，跪拜下去：「您不是傍晚路過我家的客人嗎？」

「是呀！」瘋和尚這時鑽出人群，興奮地直打轉，說：「當時我就想告訴您了，只是……」他望了一眼惠能大師，不敢繼續說下去。

「老婆婆！快點起來！」惠能上前扶起瞎婆，說：「真謝謝您這麼美麗的絨布花！祝您萬福萬壽呵！」

「哪裡！這不都是您們幫我縫製的嗎？」

瞎婆忸怩不安地說著。半晌，卻又天真地問：

「大師！我還有什麼功德嗎？」

「當然有！」那瘋和尚搶著說：「我當時不是已經把功德還給您了嗎？」

「既然這樣，那我就把所有的功德回向給曹侯村的所有村民！」瞎婆婆說著，臉上泛著一抹笑容。

「我還是那句老話，您真懂得般若呀！」惠能像是打趣，又像是認真地說。半晌，惠能又指著掛在木架上的燈籠說：「您看！那燈籠上不是明明寫著嗎？『若福德有實，如來不說得福德多；以福德無故，如來說得福德多！』菩薩布施行善不為人知、不求回報，也不分別怨親，如此空蕩蕩、磊落落，沒有任何的貪愛、執著，才是真正布施呀！」

「噯！如果我能看到燈籠上的經句，那就好了！」瞎婆嘆息地說。

「老婆婆！眼睛有五種，肉眼、天眼、慧眼、法眼和佛眼。」惠能說：「凡夫只有肉眼；那些以行善為樂的人，得了天眼；體悟一切皆空，無所執著、貪愛的人們，得了慧眼；能進一步在空蕩蕩中積極救世的是法眼；像這樣，層層前進，以致極善的人，最後會獲得佛眼！老婆婆！您雖然失去了肉眼，卻尚有天眼乃至佛眼可求。但願您今後以天眼、慧眼、法眼、和佛眼來觀察世界，您將看到這世界是多麼的美麗、光明！」②

老婆婆熱淚縱橫地跪了下來，雙手合十堅定地說：

「願生生世世為善、修空、度眾生！願以微薄的功德，令諸盲者能視、聾者能聽、瘂者能言、狂者得念、亂者得定、貧者得富、露者得衣、飢者得食、渴者得飲、病者得除癒、醜者得端嚴、形殘者得具足、根缺者得圓滿、迷悶者得醒悟、疲頓者得安適……」③

老婆婆說著、說著，已泣不成聲。圍觀的村民們，也都受她感動，有的淚流潸潸，有的也跪下來跟著發願！忽然天邊那如鉤新月明亮了起來，和那數千盞燈籠相互輝映，照得四周如同白晝一般。

路邊每一朵野花都開了，每一棵樹都染成金色。一個十七八歲的少女，婀娜多姿地站在瞎婆面前，也不知道是什麼時候鑽出來的！只見那少女持楊枝和淨水，在那瞎婆的雙眸拭了幾拭，然後百般憐愛地對她說：

「老婆婆！您回去後，每天早晚用這淨水洗眼一次，三七日後必可重見光明！切記，痊癒後應如大師所說，一心志求天眼、慧眼、法眼、和佛眼，不要只用肉眼觀察世間！」

說完，那少女又向惠能行了一禮說：「大師辛苦了！」然後轉身走出人群，消失在夜色蒼茫中！眾人見這情景，都看得目瞪口呆，連眼也不敢眨一下，深怕這一眨眼，會錯過什麼好鏡頭似的！那曹善人和劉志略心裡直打量著：「這到底是觀世音菩薩呢？還是月光童子菩薩？」

瞎婆婆高興得半天說不出話來，沒想到只因為自己至誠的一絲願心，竟感得如此神蹟！好不容易才定下心，勉勉強強謅出一句話來：

「打擾大師法駕！願大師一路順風！」

說完，拉著兒子的手，高高興興地回家去了！

鑼鼓隊引著轎子和村民，吹吹打打地來到了曹溪寶林寺。這寶林寺雖在深山裡，卻早被整修得金壁輝煌，連那寺前的一潭清水，也種滿了蓮花，每朵蓮花上都安置著一盞小小的油燈！寺院裡，六七個強壯的青年，打扮成護法金剛的模樣，直轉著跳舞。那是曹侯村用來迎接神明的神轎舞！惠能安詳地坐在轎內，卻也不免被搖得全身顫動起來！

這時，那掛著數千盞燈籠的大木架，也順著蜿蜒崎嶇的山路，被拉進寺院來了。曹善人一聲令下，寶林寺歡聲雷動，一隊經過刻意訓練的唱唄班，打從眾裡徐徐走出，開始唱誦《金剛經》的經文：

諸菩薩摩訶薩應如是生清淨心！不應住色生心，不應住聲、香、味、觸、法生心，應無所住而生其心……

老態龍鍾的無盡藏尼，代表全村的村民，端莊肅穆地站在潭邊，配合著緩緩的唱誦聲，每念一字經文，就把一個燈籠打從架上解下，擲向潭中。這樣，足足過了半個時辰，才把架上的燈籠全部解入潭中！小小的一泓明潭，霎時間成了一片燈海，有幾盞比較早放的燈籠，已經隨著潺潺潭水，流向山腳下了！

突然，一道刺目的閃電，歪歪扭扭地打入潭心，潭心水花四濺！轉眼間，風嘯雨狂，數千盞燈籠瞬時熄滅，有幾盞還能熊熊地燃燒起來。水中盛開著的蓮花，更被吹打得支離破碎。烏黑的潭水，洶湧翻攪，一隻巨龍，升騰而上，張牙舞爪地直向寶林禪寺狂撲過來！

成千上萬的村民驚慌得齊向大殿擠去，老弱婦孺呀呀哀叫，有些還被踩在地下奄奄一息。連那四個強壯的轎夫，也拋下花轎竄向人群！只有惠能依然安詳地坐在轎內，彷彿這一切的變故都與自己無關似的！

雷電夾著暴雨越來越急，剎那間小潭已告漲滿。一陣怪異的狂風，捲起數丈高的潭水，嘩嘩啦啦地向著大殿拍來，只那麼一眨眼間，寶林寺的大殿已被捲去一大角，眾人又浸泡在風雨中了！

巨龍乘勢猛撲過來，幾個翻滾，已近在眾人眼前！曹善人領著大眾直向殿後的小山爬去，卻被一陣巨浪捲了回來。巨龍狂吼一聲，一道熊熊的烈火，打從殷紅的龍口直射過來，寶林寺的一座涼亭轉眼間竟已化為灰燼！

這時，那一直閉目冥思著的惠能，突然睜開雙眼，目光炯炯地瞪著巨龍，半晌，才慢條斯理地走下花轎來，並從懷裡掏出一只古銅色缽盂，踉踉蹌蹌地行到潭邊，對那凶猛的毒龍吼著：

「你這區區小蟲，只會現出大身嚇人，卻不會現小身行善，有何希奇！若是神龍，必然能伸能曲，以小現大，以大現小！」

說也奇怪，惠能的話剛一說完，那巨龍就突然消失不見！又是夜靜天清，一鉤新月映在潭心，數千盞燈籠頓時恢復了光明，而那古老的寶林寺竟也完整無缺，依樣的張燈結綵，依樣的燈火通明！眾人驚魂甫定，不禁歡喜雀躍地狂呼起來！

只見那惠能正聚精會神地瞪著潭水，無盡藏尼噓了幾聲，眾人知道危機未過，個個又屏息凝氣，心裡七上八下地狂跳起來！頃刻間，眾人看到平靜的潭面，有一條像是草繩的水蛇，正快速地游向岸邊。惠能慢慢蹲了下來，戰戰兢兢地對那小蛇說：

「你這小蟲，雖會變大變小，但是諒你也不敢爬進貧僧的缽盂來！」

沒想到這小蛇竟然嗞嗞發出響聲，似乎非常生氣地向上一躍，躍進了那只古銅色的缽盂裡！惠能鬆了一口氣，捧起缽盂，笑咪咪地直向大雄寶殿走去。

小蛇瘋狂地在那鉢裡翻騰，卻哪裡能夠逃得出去！只一會兒工夫，就精疲力盡地縮在鉢底喘息了！惠能披上五祖傳下的袈裟，升上大殿的寶壇，全身放光地靜靜坐在壇上，卻把那鉢盂緊緊捧在懷裡，閉目冥思起來。曹善人召呼著眾人進到殿裡坐定，把那偌大的寶殿擠得水洩不通，手腳稍慢的村民，只得圍在殿外觀看。漸漸地，周遭平靜了下來，只有那小蛇偶而還會發生嗞嗞的掙扎聲。

「生命的可貴，在於捨棄、在於奉獻，也就是我佛所說的布施波羅蜜多！」

低沉、洪亮的聲音，打動了每一個人的心弦。惠能說著，慢慢睜開雙眼，巡視四方一周，然後半閉著眼，對那鉢裡的小蛇說：

「對於生命的貪愛與執著，是眾生不能捨棄、不能奉獻、不能布施的根本原因，也是眾生輪迴生死、不得解脫的真正源由！有的眾生儘管可以捨棄萬貫家財，卻不能捐獻自己的耳目鼻舌；有的眾生儘管可以捨棄耳目鼻舌，卻不能捐獻自己的寶貴生命！然而最可悲的卻是那些執著煩惱的眾生，他們甚至連煩惱都不肯『布施』出去！」

惠能抬頭看了一下大眾，然後透過熙熙攘攘的人群，眺望殿外那彎低垂著的新月。鉢裡的小蛇安靜地蜷縮在一角，昂首吐著舌信，彷佛正等待著惠能大師的說法似的！半晌，那一直放著金光的惠能又嘽嘽（ㄔㄢˇ chǎn）道來：

「龍哥！瞋恚（ㄏㄨㄟˋ huì）、怨懟是苦厄之源，何不把這削骨噬心的煩惱，『布施』給我呢？」

想必是內心興起無邊矛盾，正劇烈煎熬著，那小蛇聽了惠能的話，竟像服了一帖毒藥似地翻滾起來。惠能雙手緊握缽盂，好不容易才沒讓牠逃了出來！這時，那瘋和尚突然擠到壇前，慌張失措地對惠能說：

「大師！快把牠殺了！」

「咦！出家人怎能動起殺心！」惠能目光森冷地望著瘋和尚，說：「一切眾生皆有佛性，皆可成佛，那怕是這區區小龍也是一樣！你這一念殺心，和牠剛才的御風為惡不是一樣的可怕嗎？世間的律法要我人不可為一己的利益侵害他人；而在我佛慈悲的大願海裡，更推廣到全體眾生！一個具有悲心的修行人，不會為了口腹之欲而殺生，也不會為了自己的任何利益而殺生！昔時婆藪仙人因教唆殺生而墮地獄的教訓，應該牢牢記住呀！」

惠能的話剛一說完，一個手執竹杖，瘦骨嶙峋的老人，忽然從壇前的地下湧出！無盡藏尼大聲喊了起來：

「那是婆藪仙人！」

眾人一陣騷動，隨即平靜下來，心中七上八下地忖思著，理不清這孤寂、卑賤的老人到底要來幹什麼！只見那老人扶著看似就要從中折斷的竹杖，篤篤地走到惠能的面前，說：

「大師說得不錯，一切眾生皆可成佛。仇恨和殺生是世間永遠不能和平的原因！從前我因教唆他人殺生祭天，如今卻落得沉淪地獄，不得超生，還望法師和在座的各位大德深思呀！」

說完，向惠能行了一禮，又沒入地下，彷彿背負著全體眾生的無知、貪慾和罪惡似地走了！

原來在無量億萬年前，這婆藪仙人曾經教唆他的徒弟們殺羊宰牛，以祭祀神明。有一次，當他正在教人殺生祭天的時候，一個遊方和尚走到他的跟前對他說：

「仙人！天是德行的象徵，祭天自然也應以德行來相互感應才對。難道非要以殺生才能相感於天嗎？」

「當然！」婆藪仙人的話剛說完，大地就忽然裂開，仙人的雙腳已陷入地下！那遊方和尚悲憫地說：

「仙人！您不要再執著己見了！如果您現在誠心懺悔，以我微薄的法力，我還可以幫助您！」

然而，那仙人忍著雙腳的劇痛，卻在心裡思量著：「我是堂堂一個修行人，怎可出爾反爾，一下子說是、一下子又說非呢！我寧可承當地獄的痛苦，也不願做個貪生怕死，沒有原則的行者！」於是，仙人痛下決心說：

「我還是認為祭天應該殺生！」

話一說完，仙人竟全身沒入土中，直墮十八地獄去了。從此過著暗無天日的地獄生活！有一天，一個名叫華聚的菩薩，遊行到地獄來，看到這位孤傲的仙人，感於他的堅忍和善良的本性，遂以大光明力，救他超脫地獄之苦。重見天日的婆藪仙人，深感地獄眾生之苦，於是發出勇心，甘願忍受地獄的種種煎熬，重入地獄，教導九十二億地獄眾生，引著他們脫離地獄、重見光明！從此，婆藪仙人僕僕風塵地來往於地獄、人間，以救度苦難的眾生，為的是要彌補他以往的過錯，也為的是不忍心再看到有人因殺生而墮地獄！④

無盡藏尼見那仙人已經離去，就跪下來高聲讚美著：

「南無婆藪菩薩！南無婆藪菩薩！」

眾人見那無盡藏尼跪下，也都跟著下拜，一時之間，殿裡殿外響起洪亮的讚美聲！那瘋和尚匆匆三叩之後，走到惠能的跟前，對那鉢裡的小蛇說：

「龍哥哥！請原諒我的鹵莽！」

只見那小蛇翻滾了一下，又靜靜地蜷在鉢底，彷彿牠也能夠了解瘋和尚的心意似的！

這時，惠能又向那小蛇說：

「龍哥！生命雖不可貪愛、執著，卻也不可自我委屈、傷害。願你乘著明月、清風蛻化去吧！」

說完，將那缽盂輕輕一搖，只見一縷青煙冉冉直向殿外飄去。缽底一條七寸許長的龍骨，白森森地蜷在那裡！從此以後，只要是惠能登壇說法，就有一個濃眉丹脣、素衣白冠的青年，靜靜地獨自坐在殿外聽講，寶林寺上上下下盛傳著那是巨龍的化身！人們為了紀念這隻通靈的巨龍，遂將小潭填平，還在上面建了一座鐵塔，塔裡供奉著這隻巨龍的靈骨。

這一夜，直到子時，曹善人和劉志略才領著村民回村休息。從此，惠能就在這山明水秀的寶林寺裡定居下來。不出幾年，數以千計的僧俗都投靠到曹溪，連那遠在數千里外的荊州（今湖北襄陽）通應法師，也率領了數百名徒弟前來皈依惠能！漸漸地，古老的寶林寺已經不夠信眾居住了！

【註釋】

① 本節除了瞎婆婆、燈籠、素衣人、和婆藪仙人等各情節乃作者添足者外，其他都改寫自法海

〈略序〉的最後一段。

② 此段內容出自《金剛經》的「五眼」說。

③ 這幾句話乃《大般若經．初分緣起品》第一之一的原文。

④ 有關婆藪仙人的事蹟，請參看《大智度論》卷三、《大方等陀羅尼經》卷一等。又，婆藪又作婆萸，譯為天慧、廣通、或高妙等。

十四、山色豈非清淨身

溪聲便是廣長舌，山色豈非清淨身。
夜來四萬八千偈，他日如何舉似人？

——宋．蘇軾詩

一日，惠能帶著愛湊熱鬧的瘋和尚，來到曹溪上游的一戶人家。這戶人家的主人名叫陳亞仙，世世代代住在曹溪山上，整個曹溪幾乎沒有一座山頭或一片山谷不是屬於他的財產！

惠能輕輕叩著柴門，咿呀一聲，出來應門的正是那年老的地主陳亞仙。

「原來是大師！」陳亞仙興奮地說：「未曾遠迎，還請原諒！」

「不瞞您說，」惠能開門見山地直講：「貧僧是為了向您討一塊土地而來的！」

「喔？多大的土地？」

「只要這個坐具能夠覆蓋的就夠了！」惠能說著，從懷裡掏出一個破蒲團來。陳亞仙見那蒲團不過兩尺見方，不禁笑了起來，說：

「大師說笑了！怎麼只那麼一小塊地幹嘛？」

「貧僧的確就只這麼一塊地就夠了，還望施主成全！」惠能神祕地一笑說。

「那沒問題！」陳亞仙慷慨地說：「請大師任意選地吧！」

惠能和陳亞仙來到了曹溪的最高峰。只見惠能將那蒲團往天空一丟，說也奇怪，那小小的蒲團竟像一只扁平的氣球似的，愈漲愈大，然後慢慢下降，幾幾乎把整個曹溪的每一寸土地都罩住了，而他們三人卻已站在大蒲團上！陳亞仙和那瘋和尚驚得直冒冷汗，好半天才哈哈歡呼起來！

剛一定神，卻見曹溪的四方山頭，各站著一個巨人。東方那尊，右手叉腰、左手高舉一顆寶珠，面現凶煞之相；西方那尊則右手執槍、左手握著一把金剛杵，臉上肌肉緊繃，張開一盆火紅的血口來！另外兩尊看來比較溫和，一個是持劍當胸，另一個則是古琴懷抱。

從小在寺廟裡長大的瘋和尚，看出那是真理的守護神——四天王天①，竟雙膝發軟地跪了下來！陳亞仙見這情景，也嚇得全身直發抖，躲在瘋和尚的背後跪拜起來！那惠能大師看他二人這副滑稽相，不禁哈哈大笑說：

「別怕，別怕！他們都是我的好朋友！」

說著，向那四位天王揮了揮手，大聲喊了起來：

「四位菩薩辛苦了！你們把這兩位朋友嚇著了！」

只見那四天王天哈哈大笑幾聲，把那天邊的浮雲噴得不知去向，然後向惠能拱手一禮，就消失在雲霧蒼茫中了！二人依然跪在地上抱頭叩著，連眼也不敢張開一下。惠能拍了拍他們的肩膀說：

「他們走了，快起來吧！」

瘋和尚好不容易才鼓足勇氣睜開一隻眼來，打從胯下窺視背後那尊抱琴的天王，見那天王的確已經消失，才從地下爬了起來，嘴裡連連叫著：「好可怕呀，好可怕！」

「我不是已經教給你免除恐怖的般若妙藥了嗎？結果，這麼多年了，你還是沒有學好呀！」惠能邊說邊把那仍在地上發抖的陳亞仙扶了起來。瘋和尚卻面有慚色地站在一旁直搔著頭！只見那陳亞仙心有餘悸地說：

「大師法力無邊，弟子佩服，佩服！」

「老施主嚇著了，都是貧僧的罪過！」惠能面露歉意地說：「貧僧也沒有料到那四大天王竟會駕臨曹溪！」

「大師客氣了！」陳亞仙笑著說：「能捐出這片土地供養大師，弟子衷心歡喜！只是這山裡有一座祖墳，還望大師允以造塔保留為荷！」

「當然，當然！」惠能歡喜讚歎著：「菩薩法門中，以布施為第一。老施主既能捨地，則其功德非算術比喻所能及也！還望施主勤修般若，不但外財能施，耳目舌鼻等內財也能施。如此捨盡一切貪愛、執著，必能長空不礙白雲，幾近於解脫了！」

說完，領著瘋和尚直向寶林寺走去。只剩陳亞仙孤零零的一個人，喃喃地自言自語著：

「謝謝大師開示！謝謝大師開示！」

從此以後，這曹溪的一大片山地全歸寶林寺所有。惠能領著眾僧俗在山水奇勝處建築了十三所寺院，總名為「花果院」。寶林寺的信眾雖然越聚越多，卻再也不愁沒有地方住了！②

一日，一個名叫法海③的和尚，從韶州曲江（今廣東省樂昌縣南）前來參拜惠能大師，一見大師就提出一個問題說：

「請問大師，什麼叫做即心即佛？」

惠能不加猶豫地回答：

「見到自己的清淨本心，即可成佛。這就叫即心即佛！」

「弟子愚昧，還望大師詳加解釋！」法海虔誠地說。

「一切眾生皆有佛性，因此，一切眾生的本心都是光明、善良的清淨心；只因貪愛、瞋恚、愚痴等等煩惱的覆蓋，使這清淨的本心喪失光明、善良的一面。若能以平等無有等差之心，直接見到本心，讓貪愛等煩惱的力量自然消失，即可成佛！這就叫即心即佛呀！」

法海一聽這話，就像服下一顆清涼的仙丹似的，身心豁然開朗，一時之間，聚在心頭的迷霧突然消散開去。只見他欣喜若狂地跪在地上道謝，而那惠能卻若無其事地繼續說：

「本心清淨無染，本心能生萬物！各位！宇宙間的一草一木、一山一谷，或一個人、一隻螻蟻，都是清淨本心的顯露！本心清淨無染，是良善的、是佛，因此，草木、山谷、人類、螻蟻，也都是良善的，也都是佛！」

惠能剛剛說完這話，那瘋和尚就憤憤地站起來說：

「大師您說草木、山谷、乃至螻蟻都是佛，那麼人糞、豬屎豈不也是佛嗎？」

「不錯！」惠能斬釘截鐵地說：「宇宙間的萬事萬物都是佛身的顯現！就一個具有慈悲、善良之心的解脫者看來，紅花綠葉固然是美善的清淨佛身，而豬屎人糞也無非是清淨佛身的顯現！相反的，就一個滿心仇恨、怨懟的凡夫看來，豬屎人糞固然可厭，而紅花綠葉也未必是賞心悅目的了！因此，在貧僧的法門當中，是要我們直接地、迅速地體悟這慈悲、善良的本心；見到只是美善、沒有醜惡的世間！」

突然，那瘋和尚顯預地跑到佛壇前面，對著壇上的佛像啐地吐了一口濃痰！一個中年和尚見他這般胡鬧，打從蒲團上猛地站了起來，重重地給那瘋和尚一掌。那瘋和尚一個踉蹌跌倒在地上，臉頰紅腫得像是灌了水的死豬肉。幾個翻滾，胸膛已被中年和尚的一隻大腳絆住。好一會兒，才聽到他驚魂甫定地哀哀求饒！只聽那中年和尚厲聲叫著：

「你為什麼向佛像吐痰！」

「咦！剛才大師不是說過，山河大地都是佛身嗎？」瘋和尚雖被打得鼻青臉腫，卻依然理直氣壯地說：「既然一切都是佛身，我向佛吐痰，跟在地上、馬桶吐痰，又有什麼區別呢！」④

那中年和尚被他這麼一說，一時之間也不知如何回答！就這麼一遲疑，腳上的勁道也跟著放鬆了幾分。只聽到一聲呼呵，瘋和尚藉機翻身爬過，並狠狠地向那中年和尚吐了一大口痰，然後頓腳拍手大笑說：

「怎麼樣？你也是佛身的一部分呀！吐在你身上和吐在佛像上又有什麼區別呀？」

那中年和尚既羞且怒地追著瘋和尚打轉，一時之間卻哪裡能夠追上！一個不小心，踩到一只破蒲團，竟四腳朝天地跌在地板上！那瘋和尚一個箭步踩住了他的胸膛，來了個依樣畫葫蘆。這回，卻是那中年和尚哀哀大叫起來了！

突然，大雄寶殿外傳來達達的蹄聲，耶耶一陣驢叫，一個頭破血流的小沙彌拴緊驢繩進入殿來，有氣無力地對著瘋和尚和中年和尚說：

「二位師兄請稍息，我有事稟告大師！」

說著，逕向惠能行了一禮，說：

「大師！剛才我騎驢下山，本想去曹侯村一位施主家裡商量事情。沒想到半路上碰到幾位師兄上山。我好心好意地問他們到哪裡去，他們說上道場去。我說，大師說過，宇宙間處處都是道場。結果那幾位師兄不明不白地就把我從驢上拉下來，還狠狠地揍了我一頓。請大師一定要替我作主呀！」

小沙彌的話剛說完，就有幾個年輕和尚站了起來，向惠能說：

「大師！是我們打他的！我們是想給他一個教訓！」

「喔？怎麼教訓法？我倒想聽聽！」惠能笑著說。

「這師弟在大師這裡只學得一知半解，就想賣弄，說什麼處處都是道場！」那幾個和尚推派一個代表說：「道場乃寺廟、精舍等等修行地方，是個莊嚴肅穆的場所。一個修行者來到了道場，騎馬的應該下馬，騎驢的也應該下驢。這師弟既然說處處都是道場，他就不該那麼不懂禮貌地騎在驢上呀！所以我們幾個就把他拉下驢來教訓了一頓！」

「哈哈！聽見了沒有？修道人不可耍嘴皮，免得落了口頭禪，還要挨頓皮肉之痛！」惠能聽完，突然大笑幾聲，先向小沙彌說，然後又對著那幾個和尚說：「不過你們幾位也太小題大作了，快去向他道歉！」

那幾個中年和尚聽惠能這麼一說，尷尬地跟著苦笑起來，不約而同地走到沙彌面前說：

「師弟！請你別見怪了！」

那小沙彌把嘴呶得高高的，一付不理不睬的模樣，弄得眾人前俯後仰地笑了起來！這時，那愛湊熱鬧的瘋和尚又跑了出來，煞有介事地問著惠能：

「他們這幾個該打該罵、胡鬧調皮的禿驢，說什麼處處都是道場。但是，為什麼處處都是道場呢？還請大師說明！」

「剛才說過，宇宙間的一草一木、一山一谷都是本心所生、佛身所顯。既然這樣，透過宇宙間的每一處地方、每一件事物都可見到本心、佛身。這不正是處處皆可修行、成佛，處處皆是道場嗎？所以，古德說：『一切世間資生產業，皆與佛道不相違背！』又說：『一色一香無非中道！』⑤這真是至理名言呀！」⑥

惠能巡視了四周一下，又娓娓道來：

「諸位！山河大地無非佛身，舉手投足皆是道場，這都是同一道理的不同說法！山河大地無非佛身，因此佛像和大地、馬桶都是平等的。但是，佛像乃為初入佛門者的方便，具有神聖的象徵意義，因此也不可隨意破壞或吐痰！同樣的，舉手投足皆是道場，因此寺廟和荒野、馬路也都是平等的。但是，馬路畢竟不像寺廟那般的莊嚴肅穆，因此也不可執著在馬路上一定不可騎驢！今天所發生的兩件事情，都是執理廢事，沒有深刻了解佛法才會產生的怪現象！還望諸位多多深思呀！」

「咦！這就奇怪了！」有一個和尚面露狐疑之色地站起來說：「《金剛經》說：『凡所有相皆是虛妄！』又說：『若以色見我，以音聲求我，是人行邪道，不能見如來！』這在在都說明木雕、土塑的佛像不是真正的佛身！為什麼大師忽然說佛像是神聖的、不可破壞呢？」

「的確這樣，所有具有形相的東西都不是真正的佛身！」惠能說：「依照佛的遺教，努力修行，最後見自本心，證自本性，才是真正見到佛身！但是剛才說過，佛像是接引初學的方便，讓這些初學的人透過莊嚴的佛像或寺廟裡的宗教儀式，進而識自本心、見真佛身！唯有從這個角度來看佛像，禮拜佛像才顯得不是迷信而有意義！」

是日，眾人聽了惠能的開示，全都法喜充滿地回到寮房或家裡去休息了！

有一天，惠能想要洗濯五祖所傳的袈裟，卻苦於沒有清溪美泉，因此獨自一人，悄悄地來到了寶林寺後五里多的深山裡，見到這裡山林鬱茂、瑞氣盤旋。於是，惠能手持金光閃爍的錫杖，端莊地站在一塊下窪的青石地上，用力將那錫杖往地上一振。說也奇怪，只那麼一會兒工夫，清澈甘美的泉水，竟汩汩不斷地打從錫杖底下湧出，漸漸積成了一個小池塘！惠能掬了一杯泉水喝著，歡喜地讚美了一聲，然後蹲下身來浣著袈裟。忽然，有一個和尚打從山峰的那邊翻了過來，走到惠能的身邊敬禮說：

「想必是六祖大師吧！弟子方辯，前來參拜大師！」

「喔？你從哪裡來的呀？」惠能抬起頭來看看方辯說，雙手卻依然浣著袈裟。

「弟子是西蜀（今四川省西）人，」方辯說：「前些日子在印度，弟子受到達摩祖師的點化，要我來這裡參拜大師學法！請法師出示袈裟，讓弟子禮拜一番好嗎？」

「喏！這就是！」惠能捧起正在浣洗的那件濕漉漉的袈裟說。方辯見是祖衣，恭敬虔誠地跪下禮拜起來。只見那破舊不堪的袈裟，被他這麼一拜，竟然煥然一新，鮮豔的朱紅色中閃耀著點點金光，還散發出陣陣迷人的幽香！而方圓數里之內的百歲枯木自然花開，琵琶箏笛擊鼓亂鳴，一時之間也分不清楚是從哪裡傳來的！方辯像靈魂出竅似地，眼神木然地愣在一邊，過了大半天連一句話也說不出來！

「方辯，這一向你是做什麼事的？」惠能問。

方辯彷彿做了一場大夢似的，猛然驚醒，尷尬地說：

「我未出家前是個塑像的工人，出家後偶而也為信徒們塑塑佛像！」

「《金剛經》說：『凡所有相皆是虛妄！』真正的佛像是無形無相、平等無有等差的佛性。我人所禮敬的是這種自性本具的天真佛，而不是木雕泥塑的偶像！方辯！請你依照我的形相，替我塑造一尊泥像吧！」

「謝謝大師！謝謝大師！」方辯興奮得幾乎叫了起來，跪在地上猛磕著頭說：「弟子何德何能，竟然有這榮幸能為大師造像！」

不出幾天，方辯就依惠能的音容塑好了一尊七寸高的泥像。一日，惠能身披袈裟，正登壇說法的時候，方辯興奮地捧著這尊泥像來到壇前，獻給惠能。只見這七寸泥像塑得曲盡其妙，幾乎沒有一處不像惠能，連那身上的衣褶、臉上的皺紋，都一橫一豎，刻劃得維妙維肖！那瘋和尚見到這尊塑像竟大驚小怪地叫了起來，直直地闖到壇前，一會兒看看惠能，一會兒又看看泥像，然後興奮地說：

「也大奇，也大奇！眼像眼、鼻像鼻，只是一個有佛性，一個沒佛性！」

惠能高興地接過這尊泥像，拿在掌上把玩了半天，然後笑著對方辯說：

「謝謝你這幾天來的辛勞！貧僧送你一件禮物！」

說著，惠能脫下身上的袈裟，只那麼一抖一揚，那袈裟竟化成了兩件！惠能拿起其中一件重新披在自己身上，另外一件則交給方辯。方辯跪在地上出手來接，臉上卻已掛著兩道感激的淚水⑦！只見惠能手摸方辯的頭頂說：

「方辯！你只知道塑像，卻不了解真正的佛像！願你永為人天的楷模、永為人天的福田！」

方辯細細聽著，盡情地讓那誠摯的淚水潸潸地流著！不一會兒，才從懷裡取出一把小刀，將那袈裟割成三份。一份留在自己懷裡，一份披在那尊泥像上面。另一份則在殿外雜草叢裡採下樅（ㄗㄨㄥ zōng）毛包好，埋在寶林寺前的地下。眾人都跟他出到殿外，圍成一圈觀禮。只見他雙手合十，對天發誓說：

「以後如果有人掘土得到這件袈裟，就是我投胎轉世，重建殿宇，大開普度的時候！」⑧

當他的話剛剛說完的時候，那供奉著龍骨的靈塔突然傳出一陣悅耳的音樂，一股青煙冉冉上升，竟積成了一片五彩祥雲，一隻巨龍金光燦爛地舞在雲上，口裡還吐著各色鮮花，散在方辯身上和那埋衣的地方！那瘋和尚看得目瞪口呆，一時之間起貪念地自言自語：

「那花怎麼不散在我身上呢？」

說也奇怪，那漫天龍花彷彿善解人意似地直往瘋和尚的身上忽忽飄來，落得瘋和尚滿頭滿臉滿衣都是龍花！只聽那瘋和尚一邊撥著落花一邊叫了起來：

「哎喲喲！八關齋戒說，不塗飾香鬘。出家人怎麼可以插草戴花呢！」⑨

說著，竟抱頭鼠竄地躲入大殿裡去！那龍花竟像幽靈似地直追進來，一朵朵緊緊粘在瘋和尚的頭上臉上衣上，任他用力抖呀撥呀抓呀，也抖它不去撥它不去抓它不去！那瘋和尚急得滿頭大汗，竟哇哇大叫起來：

「哎喲喲！救命呀！龍花螫人啦！」

眾人見到這幕奇妙的景況，也都跟著擠進大殿想要看個究竟。那金色巨龍卻不知什麼時候已靜靜地蟠在大殿的梁上休息。只見坐在壇上的惠能大師，笑得像是一朵盛開著的春花，全身沐浴在巨龍所射出來的一道道金光當中！

「你必定心有所貪，才會落得這般下場！」惠能望著躺在地上打滾的瘋和尚，說：

「快念摩訶般若波羅蜜多！」

那瘋和尚像是得了一帖救命符似地高聲唱念起來，嘶啞蒼老的聲音，混雜著急切、悲傷、和感激的情愫，傳遍整個大雄寶殿：

「南無摩訶般若波羅蜜多！南無摩訶般若波羅蜜多！」

說也奇怪，不一會兒工夫，粘在瘋和尚身上的龍花竟一朵一朵地化去，只有那蟠在梁上的巨龍，依然悻悻地瞪著他！

「龍哥！別再胡鬧了！快點回去吧！」惠能對那巨龍說。

只見巨龍狂嘯一聲，驚得殿裡的眾人抱頭伏身，連眼也不敢睜開一下！不一會兒工夫，已搖搖擺擺地游出大殿，消失在那五彩祥雲當中了！眾人剛剛定下心來，卻見那個素衣白冠的青年已經靜靜地坐在大殿門口，臉現笑容地直瞪著瘋和尚！

「剛才是不是你開我玩笑呀？」瘋和尚跑到那青年的跟前悻悻地問道。

「是又怎麼樣？不是又怎麼樣？」那素衣青年擺出一副吊兒郎當的神態說。

「你怎麼可以叫那龍花螫我？」

「是你自己心有貪著，不修般若，又哪能怪得了我？」素衣青年先是望著瘋和尚說，然後指著法海、方辯等人繼續說：「你想想看，那花為什麼不螫這幾位師兄，偏偏要螫你呢？」

「是呀！是你自己不好！」法海一邊對那瘋和尚說，一邊卻又向著素衣青年道來：「不過你也要原諒他。一切皆空的般若，到底不是一天兩天所能修成的呀！」⑩

忽然，沉默已久的惠能，這時卻哈哈大笑起來，然後對著眾人說：

「各位不必再爭吵了，我還有話對方辯說呢！」

方辯走到惠能面前行了個禮，靜靜候在一旁，等待大師的吩咐。只見惠能握著方辯的雙手，溫煦慈悲地說：

「方辯！凡所有相皆是虛妄！真正的佛身不在有形有像的木雕泥塑上，而在我人本具的清淨心上！在清淨心所流露的一切事物上！方辯！就一個見到自性、本心的解脫者來說，山河大地無非佛性，泥像龍花也都是佛身！但是，就一個貪愛、執著的凡夫而言，山河大地、泥像龍花都是讓他生起煩惱的對象，哪裡看得出佛性、佛身呢！希望你勤修般若，這樣才能透過精巧的塑像，看到你自己本具的清淨佛身呀！」

方辯高興得跪在地上直拜，而那惠能卻從壇上下來，逕往殿外走去。寶林寺的琉璃瓦，在初春夕陽的照射下，放出閃閃金光。惠能拾起一朵落在牆角的茉莉花，擲向殿旁的曹溪。只見那帶黃的小白花，隨著潺潺溪水，悠悠地直向山下流去！微風中，迴盪著低沉的歌聲，惠能正眺望著滿天彩霞，唱起《金剛經》裡的詩偈：

若以色見我，以音聲求我。
是人行邪道，不能見如來！

【註釋】

①四天王天乃佛教的四大護法神。詳《長阿含經》。又，本節對四天王形象的描寫，乃根據西元一一六四年建造的日本古蹟「三十三間堂」中的天王像，及《望月佛教大辭典》第八冊第一六

三二圖所印之天王像。

② 本節以上各段均取材自法海的〈略序〉。

③ 法海，乃〈咐囑品〉第十所說之十大弟子之一，也是《壇經》的抄錄、編纂者。本節有關他的故事，乃出自原經〈機緣品〉第七。

④ 以上有關唖佛的故事，乃作者受《景德傳燈錄》卷二十七中一則公案的啟示而杜撰的。

⑤ 這兩句話均出自隋智顗的《法華玄義》一書。

⑥ 有關處處皆道場的故事，乃作者受《指月錄》卷七中的一則公案的啟示而杜撰的。

⑦ 有關方辯的故事出自原經〈機緣品〉第七。然，原經只說惠能送給方辯衣服，卻未明言所送衣服是祖衣。

⑧ 依據《壇經》流通本的註解，宋朝嘉祐八年，有一名叫惟先的和尚，曾經來到寶林寺掘地修殿，並挖出方辯所埋之袈裟！

⑨ 八關齋戒是七戒一齋。一齋即過午不食；而七戒中有一戒是不塗飾香鬘。詳《俱舍論》卷十四、《大智度論》卷十三。

⑩ 有關巨龍散花的故事，乃作者受《維摩詰經·觀眾生品》第七中「天女散花」一節的啟示而杜撰的。

十五、青原行思①

僧問：如何是佛法大意？
師曰：廬陵米作麼價？

——《景德傳燈錄》卷五

一個夏天的晚上，一輪明月掛在天邊，淙淙的曹溪，在這銀色的月光下，泛著粼粼的光芒。清澈的溪水，彷彿連溪底的游魚都可看見似的！寶林寺的大雄寶殿燈火通明，做了一整天活兒的眾僧，正聚精會神地聽著惠能的開示。只見那惠能披著祖衣，在數百盞油燈的輝映下，周身放著光芒！就像水塘裡一朵盛開著的紅蓮花，被一枝強壯堅韌的青莖托起在半空中似的。大殿裡雖然聚集著上千的僧人，卻連一絲輕微的呼吸聲也聽不到。只有那唧唧的蟲聲，和著殿外潺潺的流水，縈繞在眾僧的耳邊！一隻誤闖進來的螢火蟲，閃閃發著微光，一上一下地飛到惠能的身邊，彷彿找到了安息處那般地停在袈裟上。惠能百般愛憐地將牠撥在掌中，半透明的肚子，一脹一縮地喘著，那黃色的螢光，在這燈火通明的殿裡，彷彿是白晝裡的燭火一般，再也顯不出它的光明了！

惠能將那掌上的小蟲就近嘴邊，呶嘴一吹，那小蟲忽忽飄起，停停飛飛地飄出殿外。周遭又恢復了沉寂，數千隻眼睛，含著無限喜悅與期待，正溜盼著這一代祖師！只見惠能整了整僧衣，以那低沉而幽長的音調說：

「諸位！貧僧所傳的法門，是直接了當，沒有階級、沒有迂迴的法門！在這法門當中，只要以平等無有差別的般若空慧，即可當下見到自己本具的佛性，立地成佛！」

惠能停了一下，抬頭望了望四周眾僧的神情，舉身放出五彩光芒。每一光芒中都幻出無數金色蓮花，就像靈山會上佛陀拈花微笑的情景一般！晚風徐徐吹來，大雄寶殿裡的明燈不停地搖晃，彷彿正興奮地雀躍著，只聽那惠能又悠悠地說：

「諸位！在這平等無有差別的般若空慧當中，沒有善惡、美醜的對立，沒有男女、長幼的矛盾，也沒有世間與解脫的區別！一切都是光明的、美好的、充滿了希望和喜悅的！然而，這平等的空慧，愚者固然難以達成，就是勤奮修行的智者，也是不容易做到的呀！」

惠能說著，舉起雙手向空中舒展。說也奇怪，整個大殿在他舒展雙手當中，都放出五彩光芒，連那殿外的花木都染上了金色，光明如同白晝一般！潺潺的曹溪，像是一泓七寶嚴飾而成的清流，岸邊野花朵朵盛開！佛壇上端坐著的惠能，這時竟破顏微笑，然後慢條斯理接著說：

「一個勤奮修習般若的行者，也許能夠不貪愛世間的俗務，卻很難斷除對聖道或真理的執著！諸位！世間的俗務固然不值得貪愛；然而，美善的聖道、絕對的真理，乃至慈悲惻隱的德性，對一個修習般若的行者來說，也同樣是不可執著的！」

惠能潤了潤喉嚨，又說：

「因為，一個執著聖道、真理或德性的人，必是自視甚高、獨善孤傲的人，就像高原陸地上的幽蘭，美則美矣，卻不能兼善天下！而菩薩卻是深入世間，救苦救難的行者，就像水塘裡的白蓮一般，雖是聖潔芬芳，卻是植根於廣大、卑濕的汙泥當中！諸位！聖道、真理或德性的追求，不是為一己的解脫成聖，而是為千千萬萬苦難眾生的得救才勤求的！更何況執著聖道也是一種貪愛，那是煩惱與苦難的根源！諸位！這根源雖是星星之火，但是，星星之火卻可以燎原呀！」

這時，那瘋和尚滿心狐疑地站起來說：

「聽大師這麼一說，好像不要追求聖道、真理或德性囉？那我們還修行什麼呢？」

「不是不去追求聖道、真理或德性，而是在追求當中，注意底下三點：一者、不為自己的解脫去追求，而為眾生的得救才勤修。二者、不問追求的成果如何，但問為了追求聖道，自己奉獻了些什麼？三者、當自己已經追求到真理、聖道之後，決不孤傲獨善，而願倒駕慈航，為廣大的苦難眾生不停地奔波！做到這三點，才叫做以般若空慧勤求聖道、真理或德性！」

惠能說完了這話，忽然天樂齊鳴，數十個天女不知在什麼時候已經進入大殿，駕著香爐裡裊裊上升的檀香，隨處飛翔在殿裡高聳的梁柱間！惠能的背後一輪五彩的光暈，迅速無比地幻化成各式圖案，有名花異卉，也有珍禽怪獸，真是琳琅滿目，使得數千名僧人個個看得眼花撩亂！

突然，一個名叫行思的中年和尚，跪在惠能的面前說：

「大師剛才說過，大師所開示的法門，是一個直接了當，沒有階級、沒有迂迴的法門！那麼，請問要怎麼樣修行，才能夠進入這個法門呢？」

惠能靜靜聽完行思的問題，然後伸出那隻金光閃爍的右手，摩著行思的頭頂說：

「行思！你先說看看，你一向是怎麼修行的？」

一股奇異的暖流，驚濤駭浪般地打從惠能的掌心注入行思的身中！彷彿來到了一望無際的草原；彷彿飄上了白雲片片的青空；彷彿見到寶林寺前的一草一木，如泉水般地打從內心深處湧出！這宇宙間的萬事萬物竟早已具足在本心中！行思興奮得一時之間不知如何回答，也不想去回答，只默默地任由那道源源不盡的暖流滋潤了全身每一塊肌肉，每一個骨節！半晌，才合十對惠能說：

「我一向連聖道、真理、或德行都不修習哩！」

「既然連最神聖的聖道、真理都不修習，那還怕落入階級的、迂迴的法門中嗎？」惠能說著，竟破顏微笑起來。

「是的！連聖道、真理都不修習，當然不怕落入階級、迂迴的法門中了！」行思說著，也跟著笑了起來。在這盛夏的夜裡，他的微笑就像一陣清風徐徐吹來那般的令人喜悅！

「太好了！太好了！今後你也來幫我教化在座的師弟們！」惠能高興地叫了起來！梁上的天女們這時也跟著吟詩讚歎起來，還散得滿殿都是迷人的天花！

突然，那瘋和尚打從蒲團上跳了起來，繞著行思打轉，嘴裡咕嚕咕嚕嚷著：

「你們這是幹什麼呀！我怎麼連一句話也聽不懂呢？」

只見那法海也跟著站起來說：

「就我所知，行思師兄是告訴我們應該以空無所有的般若智慧追求聖道、真理，而不是真的不去修習聖道、真理！」

「不錯！不錯！法海說得不錯！菩薩應以空蕩蕩、無所得的本心來追求聖道和真理！」惠能高興地說。

從此，行思就留在惠能的身邊，幫助惠能推展法務，解答師弟們的各種問題。直到有一天，惠能叫他另外找一個道場去弘揚佛法，他才回到故鄉吉州（今成江西省內）的青原山去。

行思回到了故鄉青原山後，就大開法門，廣度眾生，不出幾年，名聲已經傳遍整個吉州！一日，一個和尚跑來問他什麼是佛法大意？他說：

「廬陵（在吉州境內）的米是什麼價錢呀？」

明顯地，這是說明佛法就在米價等等日常的生活當中，而不在玄妙的神祕境界當中！

行思雖然度眾無數，然而最有成的卻是一個名叫希遷的和尚②。這希遷原是六祖惠能的信徒，當他還是一個小沙彌的時候，他就參禮了六祖大師。當時六祖已經快要去世。希遷一見到六祖就迫不及待地問道：

「大師！您馬上就快去世了，請問將來我要去跟誰學佛呢？」

只見惠能伸出他那蒼白的手來，摸著希遷的臉頰說：

「希遷！你叫希遷嗎？這個問題你自己好好想一想吧！」

說完，惠能就閉目不語了。

從此，這希遷每每在靜處獨坐，有時候甚至連飯也不吃覺也不睡，只是默默苦思著！像這樣，過了好幾年，不知不覺間，希遷已經是個青年僧人了！有一天，寺裡的一個和尚見他又呆呆獨坐，於是過來問他：

「希遷！大師已經去世很久了，你這樣枯坐又有什麼用處呢？」

「我不過是稟承大師的遺訓罷了！」希遷說著，兩行清淚在他的臉上流過：「大師要我自己好好地想！」

「唉！」那和尚搖搖頭說：「師兄行思禪師現在正在吉州青原山說法，你何不去請教請教他！」

希遷聽到這話，像是困獸破籠而出似地，高興得跳了起來，連說聲謝謝也忘了，就匆匆收拾行李，千里跋涉地來到青原山！

青原山上一座古老的寺院裡，行思禪師頭戴斗笠，手執鋤頭，正在除草種菜。幾株蒼老的萵苣開著金黃的小花，迎風飄搖在夕陽裡。

「你是什麼人？來這裡幹嘛？」行思見是一個陌生的和尚，就拋下工作，迎上來問。

「我叫希遷，從曹溪寶林寺前來參禮行思大師！」

「你帶什麼東西前來參禮？」行思冷冷地問著，一雙眼睛來回端詳著希遷。

「我帶來的東西，是參禮六祖大師之前就已具足的東西！」希遷說。

「喔！哈哈！」行思聽他這麼一說，不禁愣了一下，隨即哈哈笑了起來！半晌，荷起那把鏽得幾乎穿洞的破鋤頭，直往大殿走去。而那希遷則緊緊跟在後面，一時之間也不去理會這荷鋤的老和尚，到底是否就是行思大師。菜圃裡一隻蒼鷺正在低頭尋食，卻又被一聲遠處傳來的牛鳴，驚得振翅而飛！秋日金色的夕陽裡，行思像是清風般地飄飄走著，連頭也不回地說了起來：

「既然是參禮六祖之前就已具足了，那又何必老遠跑去參禮他老人家呢？」

「如果不去參禮他老人家，我又怎麼知道我本來就已經具足了呢！」希遷說著，隨手折了一枝萵苣花把玩著。

「哈哈！」行思笑著說：「那黃蒿荁花，不也正是你本具佛性的顯露嗎？」

「不錯！這花也是在我參禮六祖大師之前，就已具足在我的心中！」希遷說。

行思聽著，放下肩上的鋤頭，仰天笑了起來！

從此，希遷成了行思的忠實徒弟，一直到行思去世，他才離開青原山，來到湖南衡山南寺去久住。

這衡山南寺的東邊有一塊大石頭，雖然險惡無比，卻是清淨幽雅。於是，希遷就在石上結庵修行，從此，人們都稱他為石頭和尚！他似乎比他的師父行思禪師更能度眾，在那無數的弟子當中，最有成就的是藥山惟儼、天皇道悟和丹霞天然。

丹霞天然③原本是個儒生，當他正往京都長安趕考的途中，遇到了一個遊方和尚。說也奇怪，丹霞像是他鄉遇故知似地很想與他聊天。於是，他冒冒失失地攔住那和尚說：

「請問法師！您到那裡去呀？」

「到各處遊方參學去！」和尚說著，半晌，也禮貌地問：「您呢？」

「京都趕考去！」

「嘿！當官不如出家救度眾生呀！」和尚說著，飄逸自在地消失在那山路上。

丹霞望著那遊方和尚的背影，嘴角不覺綻出一抹喜悅。他一路思索著那和尚的話語，不知不覺竟來到了石頭希遷的道場。從此，他一直住在道場的後院打雜，過著忙碌但卻心安理得的寺院生活。

有一天，正是午後時分，太陽偃偃地照著大地，希遷召集寺裡的和尚，鄭重其事地宣布說：

「今天早點休息，明天讓我們一同來割除殿前的雜草吧！」

第二天清早，眾僧各個手拿鍬钁（ㄑㄧㄠ ㄐㄩㄝˊ qiāo jué）割草，只有那丹霞卻以淨水洗頭，然後獨自一人來到希遷的寮房裡跪下！只見那希遷欣慰地笑了起來，說：

「很好！全寺竟然只有你了解我的意思！」

說著，找出一把剃刀，唰唰地為丹霞剃起頭來。從此，丹霞成了希遷的得意門徒！

出家後的丹霞，一日，來到了慧林寺④，正是漫天雪花的寒冬。丹霞見那殿裡供著一尊木佛，映著銀白的雪光，詭異地笑著。於是爬上佛壇，將那木佛抱了下來，再到柴房借來一把利刃嗶嗶剝剝地劈了起來！只那麼一會兒工夫，那尊木雕的古佛，已被劈成碎片，熊熊的火焰在碎片上熱烈地燃燒起來，火堆旁，是那劈佛的丹霞，正安詳自在地烤火取暖！

「哎呀！不得了啦！有個瘋子正在燃佛像啦！」

轉眼間，慧林寺的所有僧人都圍攏過來！而那丹霞卻依然悠閑自在地烤火取暖，嘴裡還咿咿呀呀哼著歌：

若以色見我，以音聲求我。
是人行邪道，不能見如來！

只見一個和尚匆匆趕來，捉著丹霞的衣領，厲聲叫道：

「你幹麼把這佛像燒掉？」

丹霞隨手拾來一支木棒撥著炭火，慢條斯理地說：

「我要把這佛像燒出舍利子⑤來！」

「木佛怎麼可能燒出舍利子來！」那和尚又好笑又好氣地說。

「喔？」丹霞依然撥著炭火，連頭也不抬地說：「既然木佛燒不出舍利子，那必定不是真佛；既然不是真佛，那燒來取取暖又何必大驚小怪！」

說著，丹霞望了那和尚一眼，並推了推他的身體，又說：

「快！再去拿兩尊來讓我燒！」

那和尚聽了這話，就像滿布烏雲的天空，忽然射出一道陽光似的，滿心的疑惑一時頓開。據說，連額上那撮令他煩心討厭的眉鬚都掉光了，從此不曾再長！

藥山惟儼⑥是希遷禪師另一有名的弟子。得道後就住在澧州（今湖南省境內）的藥山弘法。州刺史李翺幾次派人禮請禪師進城供養，卻每次被拒絕。一日，李翺親自上山進謁，藥山禪師卻手拿經卷，故意來個相應不理！李翺滿臉怒意地拂袖便走，卻見那藥山禪師頭也不抬地大聲叫道：

「李太守慢著！」

這一聲慢著，驚得那李翺心頭直跳，一雙腳像是綁上千斤錘似的抬不起來！猛回頭，見那兩道森冷的目光，像利刃似地直刺過來！李翺禁不住叫了聲大師，然後怯怯問著：

「什麼叫做真理？什麼叫做道？」

藥山伸出手指，上上下下比劃了一番，然後說：

「懂嗎？」

「不懂！」

「雲在青天，水在瓶！」藥山解釋著，臉上綻出了笑容，像是一朵盛開的山花！

李翱一聽，興奮得幾乎跳了起來！原來真理就在青天的雲上、瓶裡的水中！真理在一草一木，真理在一山一谷，真理在宇宙間的每一事物當中！李翱淚眼汪汪地跪在藥山的面前，高興地唱著歌：

鍊得身形是鶴形，千株松下兩函經。
我來問道無餘話，雲在青天水在瓶！

從此，李翱成了藥山最熱心的弟子之一！

藥山的確是一個了不起的禪師，在他的後代出了兩個有名的禪師，那就是洞山良价和曹山本寂。這兩位禪師教導徒弟的方法是諄諄不倦，穩順綿密，後人稱之為「曹洞宗」！⑦

石頭希遷的另一個得意門徒是天皇道悟⑧。他有一個徒孫，名叫德山宣鑒⑨，是個傑出的禪師！

德山原是極有學問的和尚，未入禪門以前，就常常為他的徒弟開講《金剛經》，因此養成了桀傲不馴的脾氣。他每每向同學驕傲地說：「一毛吞海，海性無虧；纖芥投鋒，鋒利不動；學與無學，惟我知焉！」⑩對於南方那種不立文字，直見本心的法門，更是不在他的眼裡！

一日，德山挑著一部《金剛經》的疏鈔（名叫《青龍疏鈔》），打從四川省的崎嶇山道，直向澧陽（今湖南省安鄉縣西北）走來，為的是要向南方的禪師們挑戰！半路上，遇見一個衣著襤褸、面貌醜陋的老太婆正在路邊賣餅。飢腸咕嚕的德山，興奮地迎上前去，卸下肩膀上的那擔疏鈔，對那老太婆說：

「老婆婆！請給我幾個點心吧！」

只見那老太婆指著地上那擔疏鈔說：

「這是什麼呀？」

「你不懂！這是《金剛經》的疏鈔！」德山不經心地說。

「喔？是《金剛經》的疏鈔？」看似一字不識的老太婆，竟興奮地叫了起來：「我倒要請教請教你這位大法師哩！」

「要問就快點問吧！我還要趕路呢！」

德山似乎不耐煩了，逕自坐在路旁擦著汗水！而那老太婆卻不慌不忙地說：

「我可不是隨便問的喔！你答得出來，我就免費奉送點心；若是答不出來，哈哈！那我這點心是不賣了！」

德山心頭一陣煩躁，這平凡的老太婆，竟是這般刁蠻！諒她也問不出什麼名堂來！

「你快問吧！」德山皺緊眉頭說。

「《金剛經》說：『過去心不可得，現在心不可得，未來心不可得！』你剛才要我給你幾個點心，請問你要的點心是過去心呢？是現在心呢？或是未來心呢？」

德山越聽越驚，大顆大顆的冷汗直從額角滲出！也不管咕嚕嚕的飢腸，也不管那老婆婆的竊笑聲，猛然挑起那擔疏鈔，連頭都不敢回地直向澧陽奔去！

這三心不可得，是《金剛經》的名句，原是闡明心念的虛妄無實，以及佛性、本心的空蕩磊落，自己也不知為徒弟們解釋過多少次了，如今卻栽在一個平平凡凡的老太婆的手上！德山越想越恨，越恨越羞，竟將那擔疏鈔付之一炬！在這荒郊野外的山道上，熊熊的烈火，燒盡了自己一字一句的心血，卻燒不盡心頭那無窮無際的惶惑與孤傲！

好不容易才身心交瘁地來到了澧陽！這澧陽有個地方叫做龍潭，是天皇道悟的高徒崇信大師弘法的道場。德山一到澧陽，就打聽出崇信大師所住的龍潭。一日，獨自一人來到了龍潭，剛進寺門，自負高傲的習性又顯現出來，只見他高聲大叫著說：

「哼！久聞龍潭的大名，等到來了，才知道潭也沒有，龍也沒有！」

崇信大師悠悠然從禪房出來，低聲下氣地對他說：

「難得您這位大法師親自駕臨龍潭小寺呀！」

德山愛理不理地觀賞花木，見這小寺雖無雕龍畫棟，卻也不失清靜幽雅，於是就決定暫住下來。

一日，正是月黑風高的子夜時分，德山獨自一人孤寂地坐在殿外的古樹下。四邊只有呼呼的風聲，和著遠方偶爾傳來的犬吠。恍惚中，一隻人影打從昏晦的殿裡飄出，晃晃曳曳地來到他的身邊；那是崇信大師！

「夜深了，何不回去？回去溫暖、寂靜、自在的房裡休息！」崇信說著，臉上浮現一抹愛憐的微笑，漆黑中，卻哪能看得清楚！彷佛星星都熄了，彷佛大地皆陷阱！德山無精打采地說：

「唉！這回去的路太黑了！」

「我去給你弄一盞燈，一盞光明的燈！」

崇信說著，轉身回到殿裡，提來一盞小燈。雖是一盞小小的昏燈，在這漆黑的子夜裡，院子裡頓時亮了起來。只見一條鋪著青石的小道，歪歪扭扭的通向寮房！

「喏！拿去吧，這是光明的小燈！」

德山伸手去接，沒想到又被崇信搶了回去，呼地一聲，燈火已被崇信吹熄！周遭剎時陷入黑暗，那條鋪著青石的小路也消失不見了！德山愣了一下，全身毛孔張開，一顆顆汗珠如暴雨般地直滾下來！昏暗中，彷佛見他跪在地上磕頭，口裡卻發出感激、讚歎的聲音：「謝謝大師指點！謝謝大師指點！從今以後，弟子再也不會懷疑天下老和尚的舌頭了！」

德山得道後，度眾無邊，其中最有名的是雪峰義存⑪。雪峰義存有兩個徒弟，那就是雪門文偃和玄沙師備⑫。前者開創了「雲門宗」，而後者的徒孫清涼文益則開創了「法眼宗」；這是禪門五家中的其中兩家！⑬

雲門文偃為了求道曾經犧牲了一條腿⑭，這真可比美於「朝聞道，夕死可矣」的精神！從他回答弟子們的一些話中，可以看出他對權威的批判、心靈的自由，以及處處有佛法、處處皆道場的禪門精神，有很深刻的體會，這些都是值得全體人類共同追求的！底下是幾則例子⑮：

(1)

據說釋迦牟尼佛剛剛出生的時候，就一手指天、一手指地說：「天上天下，唯我獨尊！」有一次，雲門說完了這個傳說，就對他的徒弟們說：「我當時如果在場，我就一棒把那釋迦打殺了給狗吃，以圖個天下太平！」

(2)

又有一次，一個徒弟問雲門說：

「什麼叫做佛？」

「乾屎橛！」⑯雲門答。

(3)

有和尚問：

「什麼是佛法的大意？」

「春來草自青！」⑰雲門答。

(4)

又有和尚問：

「什麼是成佛的方法？」

「東山水上行！」雲門答。

(5)

一日，雲門看見一個和尚正在秤米，於是上前問道：

「米籮裡有多少隻達摩祖師的眼睛呢？」

明顯地，這等於問說「解脫者的心量有多廣？」、「解脫者的智慧有多深？」、「解脫者的慈悲有多大？」

那和尚聽他這麼一問，卻如丈二金剛，摸不著頭腦，愣愣呆在一邊！雲門見這情形，於是笑著自問自答說：

「斗量不盡！」

從這幾則發人深思的故事看來，雲門是怎樣一個自在解脫的禪師呀！那是禪宗的真正精神！

【註釋】

①青原行思，吉州安城人（今江西吉安縣人），乃惠能最有成就的兩個弟子之一。（另一個是南嶽懷讓，詳下節。）在他的後代，出現了三個主流，即曹洞宗、雲門宗及法眼宗；這三宗乃禪門五家當中的三家。（另外兩家是臨濟宗和溈仰宗，都是南嶽懷讓的後代所開展出來的。）如表：

- 青原行思—石頭希遷
  - 藥山惟儼—雲岩曇晟—洞山良价—曹山本寂（曹洞宗）
  - （丹霞天然）
  - 天皇道悟—龍潭崇信—德山宣鑒—雪峰義存
    - 玄沙師備—羅漢桂琛—清涼文益（法眼宗）
    - 雲門文偃（雲門宗）

所謂禪門五家乃後人依禪師的教學方法、脾氣等所謂「家風」而分成五家。例如雲門宗的家風是簡潔明快，而法眼宗的家風則是平凡穩密。臨濟宗喜用棒喝，曹洞宗諄諄不倦，而溈仰宗則與曹洞相似。

本節內容大概依照上表展開，其中有關青原行思部分則出自原經〈機緣品〉第七。有關青原行思較詳細事蹟請參看《景德傳燈錄》卷五及《五燈會元》卷五。

② 底下有關石頭希遷的故事，出自《指月錄》卷五。

③ 底下有關丹霞的故事，出自《景德傳燈錄》卷十四及《五燈會元》卷五。

④ 寺址不詳。

⑤ 舍利子或簡稱舍利，譯為「遺骨」、「骨身」或「靈骨」。乃高僧死後火葬所留下之粒狀結晶物。

⑥ 底下有關藥山惟儼的故事，出自《五燈會元》卷五及《指月錄》卷九。

⑦ 有關洞山良价和曹山本寂的事蹟請參見《景德傳燈錄》卷十五、十七或《五燈會元》卷五、十三。又，參見註①。

⑧ 有關天皇道悟之事蹟請參見《景德傳燈錄》卷十四或《五燈會元》卷七。

⑨ 底下有關德山的故事，出自《景德傳燈錄》卷十五及《五燈會元》卷七。

⑩ 這幾句話出自《景德傳燈錄》卷十五。

⑪ 雲峰義存的事蹟詳見《景德傳燈錄》卷十六及《五燈會元》卷七。

⑫ 雲門文偃的事蹟詳見《景德傳燈錄》卷十九或《五燈會元》卷十五；清涼文益的事蹟詳見《景德傳燈錄》卷二十四及《五燈會元》卷十。

⑬ 見本節註①。

⑭ 見《景德傳燈錄》卷十五。

⑮ 這幾則故事（或稱「公案」）都出自《五燈會元》卷十五。

⑯ 乾屎橛，是古代如廁時用來擦大便的短木，相當今天的衛生紙。在此象徵卑微低賤的東西！又，以上兩則典型的故事，可以說明禪宗對權威（佛菩薩）的批判及其重視心靈自在的傳統。

⑰ 本則故事和下則一樣，都用最平凡的日常事物來說明佛法無所不在，處處皆是道場的道理。

十六、南嶽懷讓①

心地含諸種，遇澤悉皆萌。
三昧花無相，何壞復何成！

——唐·懷讓詩

南嶽懷讓，金州人（今陝西省，安康縣人），是惠能另一個偉大的弟子。他生在唐高宗儀鳳二（西元六七七）年的四月八日佛誕節。據說當他出生的時候，不但滿室芬芳，而且全身發出白光。這道白光遠遠射入京城長安，竟被掌管天象的官吏——太史看到了。太史非常興奮地進入皇宮稟告高宗皇帝。高宗皇帝見他匆匆忙忙，於是也迫不及待地追問說：

「這到底是什麼瑞象呢？」

「是一個不染世榮、國之法器的偉大僧人出生了！」太史說。

高宗皇帝是一個深信道理的佛教徒，於是傳敕金州太守韓偕，要他親自到達懷讓的家裡道賀！懷讓就這樣，在父母及太守的小心呵護下慢慢長大了！

十五歲那年懷讓拜別了雙親和太守，來到荊州（今湖北省襄陽縣）玉泉寺出家，主修戒律學。一日，懷讓感慨地說：

「出家是為了解脫生死，廣度眾生，如今卻死守戒律，這世間真是明師難求呵！」

這時，一個同窗見他自怨自艾，就過來告訴他說：

「河南嵩山有一位安和尚，是個德學俱優的法師，你不妨去參拜參拜他！」

懷讓聽了那位同窗的建議，歷盡千辛萬苦地來到了嵩山，那是達摩祖師曾經住過的勝地！懷讓殷殷地訴說自己的心願，那安和尚卻無動於衷似地說：

「貧僧無能為力，你到嶺南去見六祖大師吧！」

來到了千里外的嶺南曹溪，惠能正在溪邊挑水澆花。迎風飄搖的扶桑，不禁令懷讓想起了故鄉母親的慈容！

「你從哪裡來的？」惠能一邊澆花一邊問著，彷彿是自言自語似地，連頭也不抬一抬！秋日的夕陽，照在一代祖師瘦骨嶙峋的身上，反射出一道道金色的暈暉；懷讓愣愣地望著，心中忍不住要高聲讚歎起來，嘴裡卻只那麼不爭氣地喃喃冒出一句，聲音低微得連自己都懷疑是否聽到：

「弟子從嵩山來！」

惠能輕輕地捏住一隻蝴蝶，又輕輕地將牠擲向秋空。斜陽下，那色彩斑爛的蝴蝶，高興地上下舞著，憩在一株開著的扶桑花上。惠能轉過身來，臉上綻出喜悅的笑容，彷彿這秋日的美景，從來就已具足在他的內心一樣，兩道眼光幽幽地射向懷讓！「那深如大海的紺目，那無窮無盡的智慧之泉！」懷讓事後回想著。

「什麼樣的一種東西來呢？」惠能問。

懷讓竟然回答不出來！他靦腆地低下頭來。斜陽照得臉上微微發熱，一時之間也分不清那是不是羞愧的徵候了！

惠能放下水桶，慈祥地拍拍懷讓的肩膀說：

「噯！你就暫時住下來吧！」

大顆大顆的熱淚奪眶而出，混雜著悲傷和喜悅，似乎把那憩息著的蝴蝶驚得飛了起來！「什麼樣的一種東西來呢？」盈耳是六祖大師的話語，懷讓苦苦思索著。只見那蝴蝶穿過密密的草叢，低低飄過溪水，才又靜靜憩在對岸那株不知名的野花上。彷彿這曹溪的每一棵樹、每一朵花，都是牠溫暖的家園一般！

八年後一個深秋的黃昏，懷讓打從曹侯村回山門來。一路上溪聲淙淙，和著數聲嘎嘎的蟬鳴；嶺南的深秋，還是夏也似的炎熱！一個白髮蒼蒼的老和尚，手持禪杖，懷抱銅缽，一步一哼地迎面走來：

白首一袈裟，天涯又海涯。
風霜銅缽裡，輒幻妙蓮花！②

「回山門去嗎？」老和尚問。

「回山門去！」懷讓不經心地答著。

突然，一隻蝴蝶打從老和尚的眼前飛過，搖搖擺擺地停在一朵野菊花上。老和尚小心翼翼地將牠捏住，臉上綻出孩童般的笑容。半晌，才把那蝴蝶往天上一拋。只見牠飄呀飄地飄過小溪，憩在對岸一朵小山花上。「這不是八年前的景象嗎？」懷讓幾乎叫出聲來！

「什麼樣的一種東西來呢？」

惠能大師的聲音又在耳邊響起！

「呀！原來如此！」

懷讓叫了起來，一時之間竟忘了向那老和尚招呼，就連奔帶跑地直向寶林禪寺趕去！

只見那惠能早已站在山門等候多時，溪旁那株扶桑花茂盛地開著，彷彿這一切都已等了八個寒暑似的！

「什麼樣的一種東西來呢？」惠能大聲吼著。

「說似一物即不中！」③

懷讓也跟著狂吼起來！一陣陣排山倒海似的喜悅，嘩啦啦湧自心田，半晌，才又補上一句，那是多麼平凡的一句：

「人人本具的清淨佛性，並不是一個有形有相的、可以描述的東西！」

「哈哈！懷讓！這一天我已等了整整八個年頭了！」惠能似乎顯得比那懷讓還要高興！

他哈哈笑了一陣，又說：

「西天的般若多羅④曾經預言說，在你的門下有一匹小馬，將會縱橫馳騁，踏殺天下所有人！這件事你只要默記在心，一時之間也不必急著說出來！」

從此，懷讓更死心踏地地服侍惠能。歲月如流，又匆匆過了七年，懷讓才離開寶林寺，來到南嶽衡山（今湖南省境內）的般若寺長住。

有一天，正是鳥語花香的季節，懷讓帶著那遊方作客的瘋和尚，直向衡山傳法院走去；那裡住著一個終日坐禪的高僧，名叫道一。⑤

一路上，只見山嶽連峰湧起，枯藤攀著老樹，斜斜扭扭地伸在危崖上。小徑旁，一株接連一株的野莓，結得果實纍纍，在這清晨的微風下，彷彿是一盞盞小小的燈籠，迎風飄搖著！瘋和尚哎呀一聲叫出聲來，想起曹侯村那幕歡送六祖大師入山長住的往事，不禁思潮澎湃，有如潮湧一般！

荒野裡的小燈籠

清風滿注的燈籠！

一盞盞

是微笑
是旅人的心！

只聽那瘋和尚斷斷續續地吟著，蒼老瘖啞的歌聲，夾著吱吱猿啼，在群山眾壑間迴響！來到了傳法院的山門外，一個清瘦蒼白的身影就映入眼簾。一株枯了半邊的古松下，兀兀坐著一個孤寂的和尚；那正是高僧道一！

「哎喲喲！看他那一動也不動的樣子，不像是一顆冥頑不靈的石頭嗎！」瘋和尚老遠就叫了起來。

只見那道一目瞪了瘋和尚一眼，又緊皺雙眉，坐起禪來。懷讓走到他跟前，輕聲問道：

「你這樣枯坐，圖個什麼？」

「圖個將來作佛！」道一回答，連眼皮也不眨一眨。

懷讓拾起一塊磚頭，嘎嘎地在地上磨了起來。道一雙目閉得更緊了，卻也不免皺起眉頭來。蒼白的臉頰，一陣青一陣紅，嘴角雖然抽動了一回，卻忍著內心的怒火，沒喊出來！

而那瘋和尚則手舞足蹈地叫著：

「用力磨呀！這禿驢，裝模作樣的，看他還閉不閉得住眼皮！」

道一終於忍不住了，心中撩起無邊瞋火，卻若無其事地問著懷讓：

「你這樣嘎嘎地磨磚，是作什麼呀？」

「磨成鏡！」

「哼！磚頭豈能磨成鏡！」

「磚頭既然不能磨成鏡，那麼像你這樣呆呆枯坐，就能坐成佛嗎？」懷讓大聲喊著。

道一越聽越驚，猛張開眼，差點沒跳起來！卻見那懷讓悠悠起身，折了一枝禿枯的松條，把玩著說：

「這就像一個趕路的車夫，半路上老牛卻偏偏拉不動車子，這時，到底是該打車子呢？或是該打牛呢？」

瘋和尚見那道一仍然一語不發地坐著，於是也折來一枝松條，猛向道一抽打起來，嘴裡還一直嘟囔著：

「你這隻頑固的老牛，該打，該打，該打！」

只見那道一仍然緊皺雙眉坐著，一條條烏青的血痕驀地爬滿身上，殷紅血水從他蒼白的皮肉滲出！懷讓見這情景，忍不住叫了起來：

「師兄！別胡鬧了！」

「哼！這駝子原來是他師兄！」道一狠狠咬緊牙關，心裡想著。半晌，懷讓背向道一，仰首眺望那一峰接連一峰的南嶽，悠悠地說：

「你剛才說要坐禪作佛。然而，禪不在坐臥，佛也沒有一定的形相！你又如何去坐禪作佛呢？禪是不思善、不思惡，以平等無差別的心志，來體悟佛性的法門；而佛性則是遍一切處的本心，一色一香是佛性，一花一草也是佛性。既然這樣，走路是禪，坐臥是禪，運水搬柴也是禪呀！」

懷讓潤了一下喉嚨，又接著說：

「佛，是不離行、住、坐、臥的佛，是出自汙泥的佛！不是槁木死灰、蔥蔥呆坐的佛！」

這時，那道一突然鬆開雙腿，站了起來。只見他猛地跪在地下，一邊禮拜一邊說：

「眼前想必是南嶽大師，弟子道一叩見師父！謝謝師父開示，使弟子的心地就像蒙受甘霖的滋潤一般，開滿了智慧的花朵！」

「哈哈！快起，快起！」懷讓說：「那是因為你的心地已經植滿了智慧的種子，我這及時的甘霖才派得上用場呀！」

說著，握緊道一的手，慢慢走入傳法院的禪堂，不知不覺間，把那瘋和尚拋在後面了！

禪堂裡點著一盞小燈，在這白晝裡，顯出異樣的昏晦。噹地一聲，懷讓敲了一下銅磬，向那垂眼微笑的佛像行了一禮，然後輕輕哼起歌來：

心地含諸種，遇澤悉皆萌。
三昧花無相，何壞復何成！⑥

歌聲甫停，那瘋和尚就追進堂來，手拿松條，雙脣呶得高高地，見著道一就不分青紅皂白地猛抽一頓，嘴裡還大嚷大叫著：

「你還不快點跪下來，認我這個師伯！」

「哈哈！這是我的師兄！你快行禮吧！」懷讓恍然大悟地對道一說。

「師伯！您剛才打得好！」道一禮拜著說。

「起來吧！別再多禮了！」這回瘋和尚反倒尷尬起來了，血氣一衝，一張臉紅得直透脖子！

從此，人稱「馬祖」⑦的道一，成了懷讓最最得意的門生。據說，懷讓的入室弟子共有六人，只有道一得到禪門最極珍貴的「心法」，其他五人僅僅得到了皮毛：一人得眉

（常浩禪師），一人得眼（智達禪師），一人得耳（坦然禪師），一人得鼻（神照禪師），還有一人得舌（嚴峻禪師）！⑧

大梅法常⑨是馬祖道一的得意門生之一。得道後，就一直隱居在四明的大梅山上。（山在今浙江鄞縣西南）。當時杭州鹽官縣有一座寺廟，叫做海昌院，院裡住著道一的另一個高徒——齊安禪師。一天，海昌院的一個和尚來到大梅山上砍柴，卻誤闖了法常隱居的道場。那和尚心想這荒山野郊，竟有這麼一個仙風道骨的老和尚，於是好奇地近前問著：

「請問老法師！您在這裡住多久了？」

「只見四山青又黃！」⑩法常答。

「弟子迷路了，請問老和尚！怎樣才下得了這座山？」

法常指著前面一條小溪說：

「循著這溪水下去，就可找到出口！」

那迷路的和尚回到了海昌院，就把這次的奇遇一五一十地稟告了齊安禪師。齊安一聽，馬上想起同窗數年的法常。於是又叫那和尚前往禮請法常下山。

來到了大梅山上，那和尚轉達了齊安的意思，卻見法常一句話也不說，只是自顧自地彎腰在菜圃裡除草，口裡咿咿呀呀唱起歌來：

摧殘枯木倚寒林，幾度逢春不變心。
樵客遇之猶不顧，郢人哪得苦追尋！
一池荷葉衣無盡，數樹松花食有餘。
剛被世人知住處，又移茅舍入深居！⑪

那和尚見他不理不睬，於是悶悶不樂地踱下山來。齊安知道他不肯相認，只深深嘆了一口氣，就回房休息去了！

法常後來也收了一個徒弟叫做天龍⑫。這天龍和尚和他的弟子俱胝（ㄓ zhī）禪師之間，有一段震撼人心的故事！⑬

俱胝剛剛出家不久，住在一座草庵裡。一天，有一個名叫實際的女尼，頭戴斗笠，手執禪杖，來到庵裡。那女尼繞著俱胝走了三圈，然後說：

「你說得出來，我就摘下斗笠！」

俱胝聽她這麼一說，只知其中含著無比的禪機，卻哪有能力與她對答！只見他苦惱地尋思著，一張臉漲得活像紅關公！才那麼一剎那，就像一隻鬥敗了的公鷄，喪氣得一顆頭都快要點到了地！

那女尼見她一句話也說不出來，失望地向著庵門走去。俱胝猛抬起頭，見那一輪斜陽隱在漫天的薄霧裡，像是一隻橘紅的玉盤，鬱鬱地散發它那所剩無幾的光芒！

「天黑了，何不留住一宿！」俱胝說。

「你說得出來，我就留下來！」女尼頭也不回地說。

「你到底要我說什麼呢？」俱胝的內心激猛地吶喊著，卻連一字一句也不敢說出來！眼巴巴望著那女尼漸漸消失在朦朧的暮色下，他唉地嘆了一口氣，將身體重重地往那禪床躺去，差點把原本就已朽壞不堪的床板壓塌！

「她到底要我說些什麼呢？她的斗笠代表什麼意思呢？」

俱胝躺在床上，像是生了一場重病似地，呆呆瞪著侵到庵前的霧氣，苦苦思索著！

「古人說得好，一花一世界，芥子納須彌⑭！真理與佛性就在芥子、花木當中，就在青山、斗笠當中！難道她要我說出這古佛所體悟的境界嗎？」

俱胝眼睛一亮，驀地坐了起來，只見一顆晶瑩的晚星掙扎著射出一道光芒，卻隨即被那彌天黑霧吞噬了去！他又深深嘆了一口氣，自言自語地說：

「我只有大丈夫的身形，卻沒有大丈夫的氣概！連個女尼都比不上！我還有顏面在這裡繼續住下去嗎？」

於是，俱胝連夜收拾行李，決定明天一早就到天涯海角浪跡遊方去了！

是夜，在朦朦朧朧中，俱胝作了一場奇異的夢，夢見庵旁的山神現身對他講話，要他暫時留在庵裡，不要浪跡遊方，還說幾天後會有肉身菩薩來到庵裡為他點化！俱胝驀地驚醒過來，只見一個白髮素衣的老人飄出庵外，待一定神，卻又不知去向！夜色蒼茫中，俱胝點著一支燭火來到庵旁的土地廟禱拜了一番，然後回到禪床上靜靜打坐，直到天明！

數天後，正是雨後初晴的時刻，果然有一個和尚來到草庵。那和尚見了俱胝就說：

「貧僧名叫天龍。看你神色不定，想必心裡有什麼疙瘩！」

俱胝先是心頭一凜，狐疑著這美髯似雪的老僧何以知道自己的心事！隨後又想起土地爺爺的叮嚀，於是跪了下來，一五一十地敘述這些日來的奇遇。那天龍和尚細心聽著，然後對俱胝說：

「你想知道正確的答案嗎？」

「當然！請大師開示！」俱胝說。

只見那天龍和尚一句話也不說，僅僅豎起了一隻手指！

雨後的斜陽透過柴窗，照得那挺拔孤危的手指閃閃發光。碧綠的山色，溶入清新的水氣，打從庵門直侵禪床！俱胝心驚膽顫地瞪著那神變無窮的天龍一指，一時是危崖，一時是青松，一時是潺潺的溪河，一時又化成百千眾生的吶喊！在這氣象萬千的手指上，俱胝迷迷濛濛看見那女尼實際的冷峻面孔，漸漸地，斗笠摘下來了，漸漸地乾癟的臉頰綻出一抹微笑，轉瞬間卻又化作千隻彩蝶，翩翩飛舞起來！

彷彿是寂寂不動的雄峰
彷彿是伸自澗底的偉松
那是一莖滿托智慧與慈悲的寶蓮
自那延燒著厄火的黑獄茁生！

迎面是泠泠盈耳的清風
唱著一支善與惡混凝著的牧歌！

俱胝淚眼汪汪地匍匐在地，不知是悲傷或喜悅，也不知是哀於眾生的呼喚或樂於解脫的歡暢，只任由那無邊思潮，混著熱淚源源湧出！

天色暗淡下來了，天龍和尚也不知去向了，只留下俱胝全身全神地浸在夜色當中。淚乾了，卻不知何時已經凝成愈擦愈濃的喜悅！從此，只要有人問他佛法，俱胝每每默然不語，僅僅學著天龍豎起他那骨影嶙峋的指頭！

數年後，俱胝收了一個沙彌隨侍左右。這沙彌雖然伶俐慧黠，卻喜歡調皮搗蛋，常常裝出一付大禪師的模樣來。每當俱胝不在，有人前來參拜，他就豎起一指，代替俱胝回答客人的問題！漸漸的，這越俎代庖的僭越行徑，一次又一次地傳入俱胝的耳朵。俱胝終於採取行動了！

一日，俱胝傳令召來沙彌。待那沙彌進入禪堂，俱胝就佯裝關懷地問他：

「徒兒！這些年來，你勤奮修行，為師的也稍能看出一二！你說說看，什麼叫做佛法？」

那小沙彌不疑有他，迫不及待地伸出那小小的手指。只見那俱胝打從懷裡摸出一把刀來，咔嚓一聲，小沙彌的手指已經掉在地上！他哀哀大叫幾聲，握緊血流如注的手掌，直向門外奔去！

「回來！」

俱胝大聲吼著。一股莫名的力量拉住了沙彌的雙腳，他愣在門口直打哆嗦，鮮紅的血水一滴一滴直往下淌！

「徒兒！什麼叫做佛法？」

本以為接踵而來的必是拳打腳踢，卻沒想到那是師父溫柔慈悲的聲音！沙彌興奮地猛回著頭，本能地向著師父伸出他那已經斷掉的手指，卻哪裡還有手指的蹤影！剎那間，宇宙間的一景一物，如箭似梭般地呈現眼前，這沙彌就在一伸指間體悟了最珍貴的真理！那真理雖然具足在小小的一指中，那小小的一指卻哪能禁錮真理於樊籠！他忍不住哇地一聲哭了出來，連他自己也分不清那是為了斷指的劇痛或為了解脫的喜悅！

一日，俱胝把他所有的弟子通通召來。只見他安詳地坐在佛壇之上，豎起一指說：

「自從得了天龍大師的一指禪，我一生就受用不盡！」

說完就坐著逝世了！

從此，俱胝的一指禪聞名天下，後代的禪師們，常常舉他的故事教導徒弟。連那有名的《碧巖錄》⑮，也用一首詩來讚頌他！

對揚深愛老俱胝，宇宙空來更有誰？
曾向滄溟下浮木，夜濤相共接盲龜！

馬祖道一除了大梅法常這位高徒之外，還有大珠慧海、南泉普願、西堂智藏、佛光如滿、龐蘊居士等等高徒。在徒孫輩中，甚至還包括相國裴休及詩人白居易。然而，其中最有成就的要算百丈懷海禪師，在他門下，開創出「溈仰宗」和「臨濟宗」，它們都是禪門五家之一！⑯

百丈懷海曾經有一段奇遇，後代的禪師們稱之為「野狐禪」，在禪門中也是一則常被提及的故事。⑰

百丈每次登壇說法的時候，都有一個老人混在眾僧當中聽講。有一天百丈說完了法，眾僧也都散去了，只有這老人留在禪堂不肯離去。百丈近前問道：

「請問老施主有什麼指教嗎？」

那老人回了一禮說：

「我不是普通人，我是野狐化身！」

「喔？」

百丈先是愣了一下，隨即悲憫地望著老人。他們倆找了兩個蒲團坐下，那老人斷斷續續地說了底下的故事：

我原本是這座山頭的一個修行人，數百億萬年前，當迦葉佛⑱在世說法的時候，有一個年輕的道人前來向我請教問題，他說：

「一個大修行人，是不是可以不落入因果輪迴當中，做一個沒有生死的長壽仙人呢？」

「當然！」我當時不加思索地告訴他：「大修行人當然不會落入因果輪迴當中囉！」

然而，我說錯了！剎時間天搖地動起來，在我坐禪的地方湧出一隻野狐！那青面獠牙的野狐，拿著手銬將我扣住，粗氣厲聲地說：

「你是我們野狐國的一份子了！」

我被拖到一個陰森恐怖的地方，不清不楚地被責打得奄奄一息！從此，我成了野狐，過著暗無天日的生活，直到今天還不得超脫！

「然而，我到底錯在哪裡？」那老人說完自己的遭遇，轉身向那百丈說：「請大師指點，弟子感激不盡！」

「不是不落入因果輪迴，而是不昧於因果輪迴！」百丈毫不猶豫地說。

「弟子愚昧，請大師詳細開導！」老人說。

「這落入因果卻不昧因果的道理，甚深而不可思議，也難怪你不懂！」

百丈安慰了一下老人，然後解釋著：

「聖者的偉大，不在他脫離因果輪迴而成不生不死的仙人或神變萬化的怪物！聖者的偉大，乃在他置身於因果輪迴當中，卻又不受因果輪迴的愚弄！所以說，聖者是落入因果卻不昧因果呀！」

百丈停了半晌，指著禪堂那尊佛像說：

「就拿偉大的佛陀來說，他不是跟你我一樣，住胎、出胎，乃至吃飯、睡覺，最後生病、死亡嗎[19]？在他的一生當中，不談怪力亂神，不談權勢威武，只用他那無邊的智慧與慈悲，來洞悉苦厄的虛妄不實！他置身痛苦不堪的因果輪迴當中，卻依然甘其生，怡其死；沒有一聲抱怨，只有無窮的愉悅！所以說，聖者雖然落入因果，卻不被生與死的因果所愚弄呀！」

「難道聖者不能超脫生死輪迴嗎？貴如佛陀者，為什麼還要生病、死亡呢？」老人滿臉狐疑地問。

「這是聖者之所以為聖者的地方！」百丈不禁讚歎起來：「就拿佛陀來說，他原本可以遁入深山禪定自娛的，原本可以升上天堂安享清福的；然而，他不肯！為了廣度生死輪迴當中的眾生，他寧願忍受疾病與死亡的折磨，留在世間與我們同甘共苦。偉哉，佛陀！」

那老人聽了百丈這一席話，乾癟的臉龐透出一絲紅光，只見他老淚縱橫地說：

「感謝大師開導之恩，讓弟子從此脫離野狐之身！今生今世無以為報，但願來生來世能夠常侍大師左右！」

說著，跪了下去，百丈急忙上前扶起，那老人卻又懇求著說：

「明晨日出時分，弟子就蛻化去了！還望大師為弟子收屍，並以僧人去世的禮節掩埋！」

說完，就消失在廟後的一株古松下！

翌日，百丈召集全寺的和尚，來到廟後那株古松下，果然有一隻剛剛死去的野狐趴在地上！百丈命令眾僧以僧人逝世的禮儀，將他埋在古松下，後來，還託人立了一塊石碑，上面寫著：「狐仙之墓」！

有一天，一個名叫黃檗希運⑳的和尚跑來問百丈說：

「大師！那修行人說錯了話，結果墮入野狐之身不得超脫；如果當時他說對了，那他目前應該在哪裡呢？」

「你過來，我告訴你！」百丈招招手說。

只見那黃檗走近百丈的跟前，箭也似地給了百丈一個耳光！那百丈不但沒有生氣，反而拍手大笑著說：

「原本要給你一個巴掌，沒想到你這傢伙卻比我厲害！」㉑

說完，這師徒二人竟笑成一堆，旁觀的眾僧，被他倆弄得活像丈二金剛摸不著頭！

【註釋】

① 南嶽懷讓與青原行思是惠能的兩大弟子。懷讓的後代開創了「溈仰宗」與「臨濟宗」，它們都是禪門五宗之一（參見上節註釋①）。溈仰宗是由溈山靈祐及弟子仰山慧寂所發展出來的。他們兩人的事蹟分別詳見《景德傳燈錄》卷九，《五燈會元》卷四、卷九，以及《景德傳燈錄》卷十一，《五燈會元》卷九。其次，臨濟宗是由臨濟義玄所發展出來的，他的事蹟請見《景德

傳燈錄》卷十二及《五燈會元》卷四。如表：

南嶽懷讓—馬祖道一
- 大珠慧海
- 西堂智藏
- 佛光如滿—白居易
- 大梅法常—天龍—俱胝
- 百丈懷海
  - 溈山靈祐—仰山慧寂（溈仰宗）
  - 黃檗希運
    - 相國裴休
    - 臨濟義玄（臨濟宗）
- 南泉普願—趙州從諗
- 龐蘊

本節內容乃依照右表寫成，其中南嶽懷讓的故事出自原經〈機緣品〉第七及《景德傳燈錄》卷五、《五燈會元》卷三。

② 南朝弘充詩。

③ 這是原經〈機緣品〉第七中的句子，大意是：把它（指佛性、真理等）說成像一個東西就不對了！

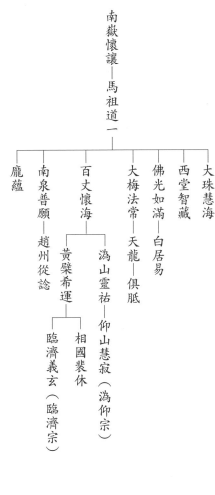

④依原經〈咐囑品〉第十所說，般若多羅乃禪宗在印度的第二十七代祖師。底下這段預言出自一般的《壇經》流通本，較古的敦煌本及宗寶南海本都未提及。而且，此中所提到的一匹小馬暗指懷讓的高徒馬祖道一（事蹟詳下），因此一般相信，這段預言乃馬祖的門下所添加者。

⑤底下有關馬祖道一的故事，出自《景德傳燈錄》卷五及《五燈會元》卷三。

⑥這首偈出自《景德傳燈錄》卷五及《五燈會元》卷三。其中，三昧是「禪定」的梵音。

⑦道一俗姓馬，因此後人尊為「馬祖」。

⑧詳《景德傳燈錄》卷五及《五燈會元》卷三。

⑨底下有關大梅法常與鹽官齊安之間的故事，出自《景德傳燈錄》卷七及《五燈會元》卷三。

⑩這是《景德傳燈錄》卷七當中的原句，大意是「很久很久」的意思。其中「四山」應是「四明山」的簡稱。

⑪這兩首詩中，前一首出自《景德傳燈錄》卷七及《五燈會元》卷三；後一首則僅見於《五燈會元》卷三。

⑫有關天龍和尚的事蹟詳《景德傳燈錄》卷十五及《五燈會元》卷四。

⑬底下有關俱胝的故事，出自《景德傳燈錄》卷十一及《五燈會元》卷四。

⑭芥子納須彌，典出《維摩詰經．不思議品》第六，原經文是：「以須彌之高廣，內芥子中無所增減！」其大意是：像須彌山（印度傳說中之喜馬拉雅山）那麼高廣的山，都能夠容納在小小

的芥菜種子當中，這是多麼不可思議的境界呀！依該經所說，這是解脫者才能體會的境界！

⑮《碧巖錄》乃宋僧雪竇重顯禪師所集結，佛果圓悟禪師所評唱（評講）的一部名著。這首詩大意是說：那俱胝是宇宙中第一個拋下浮木來救度迷途盲龜的人！

⑯詳本節註①。

⑰底下有關「野狐禪」的故事，出自《五燈會元》卷三。

⑱迦葉佛，乃過去七佛之最後一佛，釋迦之前一佛，本經〈咐囑品〉第十曾經提及。詳見《長阿含經》卷一之〈大本經〉及《增一阿含經》四十四卷之〈十不善品〉。

⑲依《長阿含經》卷三及《大般涅槃經》（南本）〈純陀品〉第二所說，一個名叫周那（或稱純陀、准陀）的鐵匠，曾經供養釋迦一盅旃檀耳羹（一種菇類調成的食物），釋迦因而腹瀉逝世！

⑳黃檗希運乃百丈懷海的得意門生之一，在其門下開創了臨濟宗（詳本節註①）。底下這段故事當中，黃檗的問題表面看來是：「如果當他說對了，那他目前應該在哪裡呢？」而實際上則等於問說：「一個解脫的聖者，目前在哪裡呢？」因為那老人如果當時說對了，就表示他是一個解脫者了。然而，「解脫者在哪裡？」或「什麼是佛？」等等這類的問題，就像問說「玫瑰花是門或窗？」一樣的沒有道理，因此也沒有答案！因為真正的解脫，真正的佛是沒有形相的，因此也沒有方位的，不能問他在哪裡！黃檗知道這點，卻開了師父一個玩笑，故意問他這個沒有道理的問題，所以百丈說原本要給他一個巴掌。然而，正因為黃檗已經知道問題的荒謬，也

知道師父會給他一個巴掌，所以他就先下手為強，打了百丈一個耳光！禪門中雖有俱胝師徒間的峻厲，卻也有百丈黃檗間的幽默！開悟的禪師們，真正是機巧無邊呵！（有關黃檗希運禪師的事蹟請參看《景德傳燈錄》卷九。）

㉑ 原文是：「將謂胡鬚赤，更有赤胡鬚！」大意是：「我以為祖師的鬍鬚是紅的，沒想到在我眼前更有一個紅鬍鬚的祖師！」

十七、南能北秀

禪心一任蛾眉妒，佛說原來怨是親。
兩笠煙蓑歸去也，與人無愛亦無瞋！

——民國．蘇曼殊詩

曹溪惠能大師，由於德行的感召，徒眾越聚越多，名聲日益遠播，以致「五天重跡，百越稽首」①，寶林寺不但是嶺南禪學的中心，也是文風教化之所繫！

另一方面，五祖弘忍的另一高徒——神秀禪師，自從含淚離開憑墓山後，卻也潛心修行，最後，終於以八十五歲的高齡②，出面領導江北禪學！他以荊南（今湖北當陽）的玉泉寺為中心，展開他那動人心弦的教學！

這一年，正是唐睿宗永昌元（西元六八九）年，武則天自稱「聖母神皇」，並大事屠殺宗室諸王的一年！

翌年七月，東魏國寺的僧人法明，獻上《大雲經》四卷給武后，說她是「彌勒下生，當代唐為閻浮提主」③！武后非常高興地把這部經頒行全國。不到兩個月，全國各界共有六萬餘人，先後上表陳情，一致擁戴武后的當政。於是，九月九日重陽節，武后自封「聖神皇帝」，改國號為周。八年後，召令她的第三個兒子廬陵王（後為唐中宗）進京，並立為太子！

久視元（西元七〇〇）年④，正是武后登基後的整整十年，神秀的教學已經轟動中原。他的聲名，一次又一次地傳入武后的禁宮——洛陽的長生殿！

這武后原是一個木材商的女兒，貞觀十一（西元六三七）年，當她還只是十四歲的一個小女孩時，由於貌美巧慧，就被太宗選為才人，召進宮裡。十二年後太宗逝世，她和其他宮人的命運一樣，都被送到長安城外的感業寺裡削髮為尼。然而，由於她的機伶，當她三十一歲時，又被高宗召進宮來，過著妃子的豪華生活。其後三四十年間，她漸漸掌握了天下大權，從垂簾聽政，進而成為中國歷史上第一個女皇帝！

武后干政期間，雖然政經都在水平以上，而且由於她的提倡，造成了舉國愛好文墨的風氣；然而，就她的私德而言，卻可謂無惡不做！她謀害高宗的皇后蕭妃，鴆死親生太子，更殺害宗室異己達數百戶之多！真可謂作惡多端、死有餘辜！然而，也許是早年出家的關係，也許是慈母篤信佛法的關係，武后卻善根不斷，大力扶持佛教！尤其在她的晚年，更頻下詔書，迎請全國高僧入宮說法；例如華嚴宗⑤的鼻祖法藏大師，就被召來開講《華嚴經》裡的美麗淨土——華藏世界！傳說中，這美麗的淨土，是佛陀目前所居住的地方，四周是滿植蓮花的香水海，佛陀的宮殿就建築在一朵特大的蓮花當中！

有一天，武后召來貼身的內侍，要他率領一批宮人，前往荊南玉泉寺去禮請神秀入宮。不久，數十輛雕龍畫鳳的御用馬車，載著神秀禪師和數位侍者，打從數百里外的荊南，浩浩蕩蕩地來到了洛陽城外！

進入城裡，已是明月初升的時分。長生殿內燈火通明，沒有亂耳的絲竹管絃，沒有宮女的彩衣豔舞，有的只是肅穆的梵音清唱，伴隨著陣陣檀香，縈繞在殿裡的金色畫梁間！武后領著太子和文武百官出到殿外，親自迎接神秀禪師。只見那神秀在眾人的歡呼、簇擁下，一步一步地邁上台階，進到殿裡，高高坐在鑲滿珍珠玉石的寶壇上——那是武后特地令人趕工搭建起來的小佛堂！

等待眾人坐定，武后就摘下了皇冠，素衣、披髮，立在神秀的面前，低低吟唱起來：

自皈依佛，當願眾生，體解大道，發無上心！
自皈依法，當願眾生，深入經藏，智慧如海！
自皈依僧，當願眾生，統理大眾，一切無礙！

太子和那文武百官，聽那一朝天子虔誠、懺悔的歌聲，也都感動得跟著跪拜下去！從此，神秀成了「兩京法王，三帝國師」⑥。一直到神龍二（西元七〇六）年，他以一百零二歲的高壽去世為止，都依然受到朝野的敬重！

這一北一南的神秀與惠能，雖然都是師承五祖的禪法，卻保有各不相同的禪風！神秀所闡揚的是「時時勤拂拭，勿使惹塵埃」⑦的「漸禪」（漸，是逐漸、次第的意思）。在這禪風下，學徒必須透過刻意的修行工夫，謹守某些固定的形式或步驟（例如盤腿、趺坐、閉目、凝神等等），才能漸入佳境，解脫成佛。然而，惠能所闡揚的卻是「單刀直入、直了見性」⑧的「頓禪」（頓，是直接、迅速的意思）。在這法門當中，行者不必透過呆板的形式或步驟，即可在運水搬柴的日常生活當中直接體悟佛性！

由於這南北兩大禪師的弘化，禪門迅速地光大起來，「南能北秀」以及「南頓北漸」這兩個名詞，也就逐漸被傳揚開了！

神龍元（西元七〇五）年的上元夜，沒有星光、沒有明月，只有呼嘯翻飛的風雪。神秀靜靜趺坐在禪床上，閉目、凝神、冥思著：

「這惠能師尊雖然出身寒微，不曾受過正規教育，卻天資貞素、生性淳一，以致能夠榮獲五祖的衣法。我神秀自幼精通諸子百家，隨侍五祖也有六七個年頭，卻不如這嶺南青年，想來真是令人汗顏呵！據說他最近正在曹溪弘法，只恨我已老朽不堪，否則定要遠去親近！為了禪法的興盛，為了佛門的光大，我神秀何不稟告皇上，請皇上代邀他進京呢？」

於是，神秀驀地跳下禪床，頂著刺骨錐身的風雪，一步一仆地直向皇宮走去！

長生殿裡雖然門窗緊閉，卻隱隱約約透出昏晦燈火，華嚴宗的法藏大師，已經升坐在寶壇上面，馬上就要開講《華嚴經》了！只見那偌大的殿裡，男男女女坐著數百名宮人，各個手中拿著一支尚未點過的蠟燭。四邊牆上立著一面又一面的明鏡，大殿的正中央還擺著一張茶几，那是一張蓮花形的銅質茶几，晶亮的桌面擱著一盞搖晃不定的油燈。武后手持蠟燭，緩緩來到茶几的旁邊點火，隨即又把燭火傳給太子和在場的每一個宮人。瞬間，數百支燭火忽明忽暗地燒起來，長生殿裡的一景一物，隨著那盞盞燈火，重重復重重地映入四邊的明鏡當中，乍然一看，彷佛是置身在無邊無際的一片燈海，任那莊嚴肅穆的梵唱，牽引到一個忘了時空、忘了憂愁的國度裡！

「那不正是《華嚴經》裡所描寫的華藏世界海嗎？」

神秀幾乎喊出口來！他悄悄坐在殿裡的一角，傾聽那已經蒼老卻風韻猶存的歌聲——那是武后自譜自吟的〈開經偈〉⑨：

無上甚深微妙法，
百千萬劫難遭遇。
我今見聞得受持，
願解如來真實義！

這一夜，當法會結束後不久，武后就寫好一封詔書，交給內侍薛簡⑩，要他趕到千里之外的曹溪，迎請惠能大師入京！神秀見那武后接受了自己的建議，於是又冒著風雪，回到了自己的寢宮去了。

然而，正當薛簡連日奔波的時候，洛陽城裡發生了一件驚天動地的事情——武后被迫退位，太子中宗登基了！（按：武后退位發生在正月，離薛簡南下不過數日！）

原來，武后稱帝期間曾經任用兩位寵臣，那就是張易之與張宗昌兄弟。在「法統」以及男性中心主義的陳腐觀念下，武后的政績雖然不錯，但在宰相張柬之、崔玄暐等這些保守人士看來，卻是大逆不道的事情，因此早就圖謀推翻武后，擁護太子即位，以恢復其大唐帝國的法統！於是，他們聯合了洛陽守衛李多祚，連日糾集了五百多名羽林軍，趁武后一次臥病在床的機會，假借討伐張氏兄弟的「叛亂」為名，打從洛陽城的北門——玄武門殺入，首先斬除了張氏兄弟，最後包圍了長生殿！只見那洛陽城裡戰鼓咚咚，熊熊烈火打從玄武門上延燒到尋常百姓的家裡！城裡亂成一片，家家戶戶攜老扶幼地直向城郊奔去！然而，無情的戰車，卻挾著將士們的狂吼猛嘶襲捲而來，只那麼一瞬間，一批又一批無辜的百姓，就在這「正義的」、「法統的」血輪下犧牲了！洛陽城下的護城河，成了一條腥臭的血河！

夜深了，長生殿裡傳來昏晦的燈火，沒有曼舞，更沒有梵唱，有的只是支離破碎的杯皿和布幔，雜纏在瞪眼張口的死屍之間。周遭是這般沉寂，只偶而從遠處傳來幾聲馬嘶，聽了令人不寒而慄！

武后的寢宮擠滿當朝要人，那是昨天的太子，今日的皇帝——唐中宗，領著張柬之、崔玄暐等人，前來「探望」武后的病情！岌岌病危的武后，老淚縱橫地望著這批自己一手提攜起來的「忠臣」和「孝子」，重重地嘆了一口氣說：

「皇兒，不！皇上！世間的榮華富貴，對我這個垂死的老人來說，已經是過眼雲煙！自從我一心皈依佛祖之後，我更深深覺得世間的虛幻！只恨我一生做惡多端，如今才落得這般下場。雖然我已盡了能力，在天下各大寺廟建造收容孤老的慈田院，免費醫療的養病院，還有各種救濟事業的悲田坊⑪，但是卻依然難逃劫厄，因果報應何其速哉！沒有怨恨，只有衷心的祝福，願你深信佛法，時刻以天下蒼生為念！」

說完，武后就閉目不語了！不久，她被移往上陽宮，中宗還加封她為「則天大聖皇帝」，彷佛這樣就可以掩遮他內心的罪疚似的！

是年初秋，內侍薛簡來到上陽宮求見武后，帶來的卻是惠能婉拒入京的消息。奄奄一息的武后望著薛簡說：

「大師說了些什麼話？」

「大師說，一個人就像一盞明燈那樣。」薛簡答：「雖然渺小，卻能點燃百千盞燈，使冥者皆明，明明無盡！大師也聽到了玄武門事件的消息，他要我稟告皇上，執政者當以天下蒼生為念！」

武后蒼白的臉頰，綻出了一抹微笑，又問：

「大師還說些什麼？」

「他還說，真理是超越的、絕對的，沒有善惡之分，也沒有明暗、美醜之分！」薛簡淘淘不絕地轉述著：「只要不思善、不思惡，不思明暗、美醜，以平等無有差別的般若空慧觀察世間，就可斷除煩惱、見性成佛！」

武后聽著聽著，滿足地笑了起來！初秋的陽光，透過飄舞著的窗帷，射在她那沒有一絲血色的臉上，竟也令人覺得溫暖了起來！他召來宮女，掙扎著坐上轎輿，直向中宗皇帝的寢宮抬去！

是年九月三日，惠能接到了中宗皇帝的一封信，信上寫著：

師辭老疾，為朕修道，國之福田！……薛簡傳師指授如來知見，朕積善餘慶，宿種善根，值師出世，頓悟上乘。感荷師恩，頂戴無已！⑫

然而，要求中宗撰寫這封信的一代女傑武則天，卻在惠能收到這封信的兩個月後與世長辭了！翌年（神龍二年，西元七〇六年），當神秀付法給他的高徒普寂禪師之後，也以一百零二歲的高齡離開了人間！

中宗皇帝一面移駕為神秀送殯⑬，一面派遣特使來到曹溪，贈送惠能一件高麗國所進貢的磨納袈裟，以及一只水晶製成的名貴鉢盂。神龍三年，中宗又下令韶州刺史修飾寶林禪寺，並賜額「法泉寺」。同年，還將新州的惠能故宅改建成金壁輝煌的國恩寺！⑭

神秀雖然這般愛戴惠能大師，然而在他的門下，卻有一批不肖的弟子，糾結憑墓山那些認為惠能「欺師滅祖」的徒眾，處心積慮地企圖謀害惠能！

一日，正是月黑風高的冬夜，寶林寺裡的僧人都已入睡，只有浠浠瀝瀝的小雨聲，夾著潺潺的溪聲，迴盪在山谷間。方丈室裡傳出昏暗的燈火，惠能還在打坐冥思。突然，一個手持白刃的人影，迅速地閃進方丈室，隨即猛向惠能刺來！噗吱一聲，只見那白晃晃的利刃全支插入禪床，惠能躲過了這狠辣的一刀，順勢撲熄了桌上的油燈，方丈室頓時陷入漆黑當中！

「大師！您聽到什麼聲音沒有？」

那是瘋和尚睡眼惺忪的問話。顯然刺客的一刀，惠能的一閃，已經吵醒了熟睡中的瘋和尚！

這瘋和尚自從在南嶽參學，又當了馬祖道一的師伯之後，就一直勤奮修行，數年下來，不但悲心增強，道行也突飛猛進。回到曹溪後，就一直跟在惠能身邊，自願做著打雜、差傭的工作；就連夜裡，也吵著要睡在方丈室裡服侍惠能！

「快睡吧！沒什麼！」惠能淡淡地說。

「咦？燈火怎麼熄了！」

「大概是油水用盡了吧！」

「待我來添點油！」

說著，瘋和尚作勢起身。那藏在屋角的刺客頓時緊張起來，雙手緊握利刃，身體貼緊牆壁，在這寒雨紛飛的冬夜裡，一顆接連一顆的汗水，竟如驟雨般直淌下來！

「天就要亮了，不用添了！」

傳來的仍是惠能那淡淡的語聲，淡得令人聽了就忍不住打起寒顫來！

「這禿驢明明知道我在房裡，為什麼不說破呢？看來他好像一直防著那睡豬知道似的！」

那刺客咕噥在心裡想著。半晌，惠能淡淡的聲音又響了起來：

「快睡吧，明天還要早起呢！」

「大師也睡了吧！」

不一會兒工夫，瘋和尚的鼾聲又響了起來。死寂的雨夜裡，這聲音聽來是那麼地令人感到煩躁不安！

「來人何不放下屠刀！」

又是惠能那淡淡的聲音，這回卻是細得有如游絲一般！那刺客心中一凜，摸索著又往惠能身上砍去！只見那惠能伸出脖子，讓那刺客連砍了三刀，卻哪裡砍得傷他！刺客又驚又羞地踉蹌一步，待要再砍一刀，惠能卻伸出手指，輕輕往那利刃彈去，噹地一聲，那刺客雙手一麻，利刃掉在地上，胸口有如萬箭穿心般的劇痛，哇地一聲，吐出了一大灘烏血！瘋和尚咿呀咬了幾下牙齒，喃喃地念著：

「大師還不睡呀？」

「這就睡了！」

那刺客只好拾起白刃，一溜煙直往室外竄去。惠能躡手躡足地在室內忙了一陣，抓起牆角的雨傘又提著一袋沉甸甸的東西，也跟著竄到室外來。寒雨依然浠浠瀝瀝地下著，這一連串的混亂，竟沒有把那瘋和尚吵醒！

來到室外，只見漫天的煙雨，卻哪裡有刺客的蹤跡！突然，惠能眼睛一亮，一條人影正飄游在大雄寶殿的屋脊上！惠能縱身一躍，竟飛也似地躍上了屋脊，才一眨眼工夫，就見他如影隨形地貼在刺客的身後追趕。

「快放下刀！」

那是惠能威嚴的聲音，語聲未停，那刺客一不小心，一腳踩空，直向十來丈高的屋下滾去！惠能將那雨傘一張，天衣無縫地兜住了刺客，再一使勁，已把他攬到眼前了！

「我知道你是為錢而來！」惠能將那刺客按住，撐開傘來遮雨，然後對那刺客說：「他們用錢雇你殺我，我卻用錢雇你行善！諾！這是十兩黃金，你拿去吧！」

說著，惠能摸出懷裡那袋沉甸甸的東西交給刺客，然後起身就走。半晌，又停下腳來說：

「正劍不邪，邪劍不正！我只欠你金子，並不欠你性命！你快走吧！今後好好為人！」

「大師請留步！」那刺客嗚咽著說：「弟子張行昌⑮，誤入歧途，膽敢行刺大師，實在罪不可赦！但願大師海涵，能夠收留弟子為僧！」

突然，方丈室裡亮了起來，隨即一聲驚呼，瘋和尚粗聲粗氣地叫喊起來：

「不好了，大師受傷了！」

那瘋和尚看到滿屋零亂，又看到地上一灘烏血，以為惠能受到歹人暗算，因此慌慌張張地哀叫起來。不一會兒工夫，全寺的僧人都圍到方丈室來，有的拿火炬，有的拿刀叉，還有一些連鋤頭、鐮刀也搬了出來，彷彿是大敵在前一般！

而那屋脊上的兩條人影，卻依然佇立不動！只聽那惠能急促地說：

「你快點離開這裡，以免發生意外！改天你再回來，我一定收你為徒！快！」

「好吧！事到如今，弟子只好忍辱偷生！他日定報赦罪之恩！」

說著，那刺客抽刀往自己臉上劃了一下，一股鮮血從他黝黑的面頰激射出來！然後向惠能深深一拜，就消失在曹溪的雨夜中了！

這時，天色已經微明，霪雨還是浠浠瀝瀝地下著。惠能撐著那把破傘回到了方丈室門口，眾僧還七葷八素地亂成一堆哩！

「大師回來了！」

一個和尚興奮地喊了起來。不一會兒，惠能已被眾僧團團圍住，七嘴八舌地追問著。那瘋和尚衣著不整地擠到惠能跟前，又高興又好奇地叫著：

「哎喲！真是謝天謝地呵！這到底是什麼回事呀？大師！」
「沒什麼！一個小偷偷走了十兩金子，我打了他一掌，卻沒有逮著他！」惠能笑著說。
「金錢是身外物，人沒受傷就好了！」眾人說著。
「快快快！去給大師燒一盆熱水洗澡！」瘋和尚指使著一個小和尚說：「我也來熬點薑湯！」
「勞煩大家操心了！大家快回房休息吧！」惠能說。
數年後，一個臉上掛有深深刀痕的和尚，來到曹溪求見惠能，這和尚見了惠能就說：
「弟子俗姓張，名行昌，前來懇求大師釋罪！」
「我想念你已經好久了，怎麼到今天才來呢？」惠能說著仰天笑了起來。
「咦？這就奇怪了！」那瘋和尚繞著張行昌直打轉，嘴裡嘰哩咕嚕地說：「你既然已經出家，怎麼又報出你的俗家姓名幹嘛！」
「這位師兄誤會了，我沒有出家的法名！」
「什麼師兄師弟的！我就知道你不是個好東西！」瘋和尚指指點點地說：「看你一臉的刀疤，一定是又來行刺大師了！」

說著，逕往張行昌的胸前、懷裡直搜，看看是不是藏有什麼凶器！那張行昌脹紅了臉，愣愣地站在那裡，只因這瘋和尚說到了他的傷心處，就像一塊尚未痊癒的瘡疤，被人硬揭開來那樣地疼痛不堪！

「哈哈！你這位師兄最會開人家玩笑了！」惠能說：「你千萬不要見怪！」

「咦？怎麼大師也說他是我的師弟？」瘋和尚大惑不解地說。

「當然是你的師弟囉！」惠能笑說著：「要不然他的頭髮要他自己剃不成？」

「喔！」瘋和尚沒趣地說。

這張行昌的確是自己剃了頭髮！原來，他是江西人，自幼就喜歡刀槍棍棒，還常常靠這一身武藝吃飯。沒想到那一細雨霏霏的冬夜，卻被惠能感化！從此，他就埋名隱姓，將頭髮剃了，僧衣披了，也不管合不合格做個和尚，一心只想重來曹溪禮拜惠能為師！

惠能看看一切已經順利了，就向張行昌說：

「你已徹悟世事的無常，從此，你就叫志徹好了！」

「謝謝大師！謝謝大師！」張行昌感激地跪下來說。

南能北秀的禪風雖然已經傳遍了大江南北，然而，像張行昌這樣的故事，卻一次再一次地發生。一直到惠能去世了，北人的妒恨才漸漸地消失！

【註釋】

①這是王維所撰〈六祖碑銘〉中的句子，原碑銘中還有更多的讚詞，用來讚歎惠能對嶺南人情文風的影響：修虵雄虺，毒螫之氣銷；跳殳彎弓，猜悍之風變。畋漁悉罷，蠱酖知非。多絕羶腥，效桑門之食；悉棄罟網，襲稻田之衣。永惟浮圖之法、實助皇王之化！

②依據《傳法寶記》所說，五祖弘忍的高徒法如去世後，神秀為了照顧法如的門生，因此出面領導江北禪學。按，法如去世於武后永昌元（西元六八九）年，正是神秀八十五歲時。

③閻浮提（Jumbudvipa），譯為閻浮洲（閻浮是樹名，提譯為洲）。即人類所居住之處。

④依據《歷代法寶記》所說，久視元（西元七〇〇）年武后詔令神秀入京（東京洛陽）。

⑤華嚴宗又名賢首宗，乃中國大乘佛法八大宗派當中的一個（另外七宗是：天台、唯識、三論、禪、淨、密、律）。宗崇《華嚴經》，此經據說是釋迦真身——大日如來所說（按：釋迦真身即法身佛，相傳印度的釋迦並非真身，而是「應化身」）。依據此經所說，大日如來居住在各色蓮花所嚴飾的世界——華藏世界海！法藏大師是在長安四（西元七〇四）年為武后講解《華嚴經》的。

⑥宗密著的《圓覺經大疏鈔》卷三下說，神秀是「兩京法王，三帝國師」。其中，兩京指長安與洛陽，三帝即武后、中宗、睿宗。（參見胡適所校訂之《神會和尚遺集》卷首，頁十五；台北胡適紀念館、五十七年版）

⑦這是《壇經．行由品》第一的原文，乃神秀偈的後兩句。參見本書第三章「神秀呈偈」。

⑧這兩句話出自胡適校訂、獨孤沛所撰之敦煌寫本《菩提達摩南宗定是非論》卷下；詳《神會和尚遺集》頁二八七。（參見註⑥後之括弧內文）

⑨相傳〈開經偈〉是武后所作，乃佛門誦經或講經前常吟的一首詩。

⑩有關武后宣詔、薛簡迎請的故事，出自原經〈宣詔品〉（又名〈護法品〉）第九。

⑪參見野上俊靜著、鄭欽仁譯之《中國佛教通史》第七章。

⑫這是《壇經．宣詔品》（〈護法品〉）第九之原文，大意是：大師因為老病，所以辭退不肯入京，獨自為我（中宗）修道，實在是全國的幸福！……薛簡已經把大師的開示轉告給我，我聽了受益很多，非常感謝大師的關懷！

⑬《景德傳燈錄》卷四說：「羽儀法物送殯於龍門，帝送至橋……」可見中宗曾經親自為神秀送殯。

⑭磨納袈裟、水晶鉢，以及修飾寶林寺、改建國恩寺等事，詳《壇經．宣詔品》（〈護法品〉）第九及《曹溪大師別傳》。《景德傳燈錄》卷五說中宗皇帝賜磨納袈裟絹五百匹，而非袈裟。

⑮有關張行昌（志徹）行刺惠能的故事，出自原經〈頓漸品〉第八。

十八、入滅

來鳥非昨鳥，今花豈昔花？
岫雲無定相，風日總交加！

——民國．弘一詩

一日，韶州刺史韋璩①，坐著轎子，後面跟著數十位文武官員，浩浩蕩蕩地來到曹溪寶林寺裡。這一行人是要禮請惠能大師下山，去到城裡的大梵寺②開講佛法的。據說，大梵寺裡已經聚集了各地僧俗一千多名，正等待著大師的大駕光臨哩！

這一次，惠能卻出奇地答應了韋璩的請求。第二天，大伙兒又吹吹打打地下了山來。

路經曹侯村的時候，曹善人和劉志略也領著村民迎來送去，有一些還送到了大梵寺裡隨眾聽講。

是夜，大梵寺外一支直聳雲霄的旗杆，掛著八盞燈籠，燈籠上面寫著八個大字：「歡迎上惠下能大師」！熙熙攘攘的僧俗，陸續地走入大雄寶殿。殿裡紅燭高照，韋璩領著三十多位官員、三十多位學者，還有一千多位僧尼道俗，恭敬肅穆地站在佛壇前面。

突然，咚咚一陣密鼓，接著是一聲巨大的鑼響，大梵寺裡一個維那僧③高聲唱道：

「恭請上惠下能大師！」

只見惠能身披祖衣，神采奕奕地打從邊門走入大殿，一步一步登上鋪著厚厚絨氈的寶壇。壇下韋刺史領著一千餘名僧俗，合掌、屏息、肅立著。維那僧見惠能已經坐定，於是輕輕一敲引磬，叮地一聲，領著眾人禮拜下去：

「南無六祖大師！」

惠能慢慢舉起右手，掌心向外，向著在場的僧俗微笑致意。說也奇怪，就在這一舉手、一微笑當中，眾人聞到天樂齊奏、滿室清香；惠能身上的袈裟由紅變紫，由紫變黃，由黃又變回紅色，只那麼一眨眼間，就變幻了好幾種顏色，真是五光十色、燦爛奪目；千餘僧俗看得目瞪口呆，兩千多顆眼珠子差點就爆將出來！眾人正如痴如醉當中，惠能那晨鐘般的聲音，震醒了全場的迷夢：

「清淨本心、般若空慧，世人本已具足；只因心迷，不能自悟，以致流轉生死，不得解脫！若能懺悔罪業、發大誓願、皈依佛祖④，則能見自本心、得大智慧！」

惠能停了半晌，望著大眾巡視一周，只見偌大的寶殿黑鴉鴉一片，卻沒有半點聲息！於是惠能又接著說：

「什麼是懺悔罪業呢？前念、今念、後念，念念不為貪愛、瞋恚、愚痴所汙染；從前所有罪惡因而一時滅盡、永不再生！這就叫做懺悔罪業！諸位！罪業空幻有如鏡花水月，只要不再造惡，就是真實懺悔！」

這時，那瘋和尚打從眾中鑽出來說：

「大師！弟子一生為惡多端，如果罪業有形，整個宇宙必定也容納不下！還請大師為弟子懺悔罪業！」

「好吧！你把你的罪業找出來，我幫你懺悔掉吧！」惠能一副輕鬆自在的語氣說。

那瘋和尚搔搔頭又搔搔身子，翻翻口袋又翻翻衣襯，然後愁眉苦臉地說：

「大師！弟子找不到罪業！」

只見那惠能哈哈一笑，然後摸摸瘋和尚的頭額說：

「既然找不到罪業，罪業不就懺悔掉了嗎？」

惠能的話剛說完，瘋和尚就興奮得跳了起來，說：

「太妙了，太妙了！弟子終於鏟除累生累世的所有罪業了！謝謝大師，謝謝大師！」⑤

惠能見他興奮，竟也無限歡欣地微笑起來，然後又繼續說：

「什麼是發大誓願呢？誓願度盡天下一切眾生、誓願斷盡人生所有煩惱、誓願學成世間無量法門、誓願成就至高無上的佛道！這就是發大誓願！諸位！什麼是眾生？什麼是煩惱呢？眾生具有邪迷心、誑妄心、不善心、嫉妒心、乃至惡毒心；這些心都是眾生心中的煩惱，應該誓願一併斷除！什麼是法門？什麼是佛道呢？以平等的般若空慧，體悟自己本具的佛性，常行正法，則煩惱必斷！這就是真正的法門、真正的佛道呵！」

說完，惠能接過維那手中的引磬，帶頭唱了起來：

自心眾生無邊誓願度

自心煩惱無盡誓願斷

自心法門無量誓願學

自心佛道無上誓願成⑥

眾人隨著惠能吟唱起來，一時之間，肅穆高亢的歌聲，響徹整個大梵寺！瘋和尚見到大伙兒唱歌，竟興奮得手舞足蹈起來，也不管會不會破壞寶殿的莊嚴氣氛！

吟完了歌，惠能又說：

「什麼是皈依佛祖呢？佛是印度話，翻成中文叫覺悟的人。自心念念無邪，沒有貢高貪愛等煩惱，這就叫覺悟。因此，皈依佛祖就是斷除自心一切煩惱！諸位！佛不在木雕泥塑的像上，不在念佛、禪定之中所看到的幻境上！佛在自心當中，不要他求，應在自心中求！」

這時，那韋璩刺史打從眾中站起來問：⑦

「大師！弟子常常看到僧俗稱念阿彌陀佛，說這樣就可往生西方極樂世界⑧。請問這和念釋迦牟尼佛，或念其他十方一切佛有什麼不同呢？」

「諸位！」惠能能：「就像百川入於大海同一鹹味，諸佛在這般若慧中同一法身⑨！因此，就一個智者看來，沒有釋迦、彌陀之分，沒有東方、西方之分，有的只是慈悲、喜捨、能淨、平直的無限德性與喜悅！先生是東方人，若能自淨本心，則無罪愆；又何必一定求生西方或一定不求生西方呢？東方人造罪，因此念佛求生西方，西方人造罪，要念哪一佛，求生哪一方呢！要知道淨土不分西東，就在我人自心當中！自心迷即是眾生，自心覺即是佛陀！慈悲即觀音，喜捨名勢至⑩，能仁為釋迦，平直是彌陀！相反地，是非成山嶽，邪心是海水，煩惱乃波浪，毒害為惡龍；虛妄變鬼神，塵勞幻魚鱉，貪瞋現地獄，愚痴化畜生！諸位，請讓我唱一首歌吧！」

說著，惠能擊掌、晃腦，咿咿呀呀吟念起來：

心平何勞持戒，行直何用修禪？
恩則親養父母，義則上下相憐。
讓則尊卑和睦，忍則眾惡無喧。
若能鑽木出火，淤泥定生紅蓮。
苦口的是良藥，逆耳必是忠言。
改過必生智慧，護短心內非賢。
日用常行饒益，成道非由施錢。
菩提只向心覓，何勞向外求玄。⑪
聽說依此修行，西方只在目前！⑫

惠能的歌聲剛停，那瘋和尚就迫不及待地擠到壇前對惠能說：

「大師！您的說法太令人感動了！我要懺悔罪業、皈依佛祖、發大誓願。請大師以及在座的各位大德為我作證！」

說著，也不管眾人是否同意，就跪在地上朗聲念道：

「願我生生世世留在苦難世間！願我生生世世奉獻身心！設使有人求眼，我就給眼；設使有人求耳，我就給耳！此身有量，此心無窮！」

「哈哈！」惠能見他真誠，於是打趣地問他：「這世間有罪惡、有戰爭，還有瘟疫和水火風災以及一些剛強難化的惡人，你當真願意留在世間奉獻身命嗎？」

「當真！」瘋和尚斬釘截鐵地說。

「太好了，太好了！」

這時，有一個老太婆打從眾中走出，一邊叫好一邊對瘋和尚說：

「這位法師當真發下這麼大的心願？」

「這還有什麼可疑的嗎？」瘋和尚說。

「妙，妙！」

老太婆連聲喊妙，然後捲起衣袖，露出手臂上的一個惡瘡來，說：

「我從小長了這麼個怪瘡，醫生說要高僧的一塊腕肉煎藥才能治好！您既然發下大願，就請施我一塊腕肉好嗎？」

「什麼？妳要我割肉給妳呀！」瘋和尚跳起來說。

「是呀！」老太婆說著，堆出一臉傻笑。

「這怎麼辦呢？剛發了願，總不能這麼快就更改呀！」

瘋和尚繞著老太婆直打轉，額角皺得像是一只風乾了的橘子皮！半晌，才見他定下腳步，發起狠心說：

「好，給妳！君子一言既出，駟馬難追！待我拿刀去！」

說著，直往廚房走去！卻見一個方士打扮的老人攔住去路說：

「法師且慢！弟子行醫多年，感念法師勇心施肉，在下願效棉薄之力！」

說著，從一只袋裡摸出一把鋼刀和一瓶藥丸，然後倒出一粒藥丸給那瘋和尚，說：

「這是止痛藥，請法師即刻服下，這樣可以減輕您的痛苦！」

瘋和尚接過藥丸，一口吞下，然後捲起衣袖，露出那筋脈奮張的手腕，讓那方士剮（ㄍㄨㄚˇ guǎ）割！大梵寺裡一千多名僧俗看到瘋和尚這種勇敢的義行，個個雙手合十跪在地下靜靜看著；有一些還感動得淚流滿面，內心學著瘋和尚發下世世留在人間救度眾生的弘願！

肉割下了，瘋和尚面帶倦容地把它施給了老太婆。只見那老太婆興奮地接過那塊鮮紅的腕肉，肅然起敬地對瘋和尚說：

「法師義行高可比天，來日必當成佛作祖！老身地藏，遠住九子山⑬，這就告辭了！」

眾人一聽都愣了一下，那瘋和尚也驚訝得跳了起來，一時之間竟然忘了手上的疼痛！他大聲叫了起來：

「什麼？您是地藏菩薩呀？」

那老太婆微笑不語，只是無限慈悲地望著他。半晌，那瘋和尚又自言自語地說：

「不對呀！地藏菩薩是男的，又是出家人，年紀也沒有這麼大呀！」

「哈哈！」沉默多時的惠能突然笑著說：「人不可以貌相，海水不可以斗量！世間事都這樣了，更何況聖者的解脫境界，豈是我等凡夫俗子所能了解的嗎？」

惠能撫掌一回，然後提高嗓子說：

「諸位！佛菩薩的聖德音容，不是有形有相的！《金剛經》說：『凡所有相皆是虛妄！』佛菩薩的形相是超越男女、老少、乃至地域、種族或國籍的！觀音不必為女，同樣的，地藏又何嘗只現男相！」

惠能說著說著，那自稱地藏的老太婆突然變成一個阿娜多姿的少女！只見她含羞帶笑地向那瘋和尚行了一禮說：

「小女子地藏，家住九子山上，感謝法師施肉！」

這回，可把瘋和尚弄得面紅耳赤了！他搔搔頭，害臊地望著眾人，然後跪在地下大聲念著：

「南無大慈大悲地藏王菩薩！」

眾人見那瘋和尚跪下，也跟著禮拜起來。那地藏王卻從少女之身又變成了一個天真爛漫的小男童，蹦蹦跳跳地跑到瘋和尚的跟前，又是摸頭又是扯衣地說：

「喂！老公公！我跟你交個朋友好嗎？你叫什麼名字呀！」

這一下那瘋和尚更是羞得無地自容，一時之間竟然說不出話來！那小頑童見他閉口不語，又自說自話起來：

「這樣好了，你就叫天嬰吧！」

「天嬰？」瘋和尚好不容易才湊出這兩字來！

「是呀！」那小男童說：「《涅槃經》曾說到五種菩薩行：聖行、梵行、天行、嬰行，以及病行⑭。其中天行是布施的慈善行為，嬰行是天真無邪的正直行為。我看法師心無城府，坦蕩蕩、磊落落，已做到了嬰行；剛才又勇心施肉，也做到了天行。這樣，嬰行加天行，因此今後就叫做天嬰吧！」

「謝謝菩薩賜名！」瘋和尚興奮地叫著。

突然，那小男童神祕地一笑，然後又變現成一條小狗，趴到瘋和尚的身上，舔著他的傷口。說也奇怪，這麼一舔，刺痛的傷口竟然癒合了起來，不一會兒工夫，就恢復了未割前的原狀！那瘋和尚高興得流出淚來，跪在地上猛磕著頭！卻見那小狗搖搖尾巴又變成了一隻鷄，咯咯咯地邊叫邊飛起來，隨即又化作一隻蝴蝶。眾人看得目瞪口呆，還來不及眨眼，那蝴蝶又變成了仙女，飛在寶殿的梁上吹著橫笛，然後徐徐下降。當她的雙腳剛一著地，卻又化成了一個醜陋的老乞丐，最後變成了一位年輕的和尚，頭戴金冠，身披袈裟，右手持著禪杖，左手握住明珠，笑咪咪地望著大家。「那不正是廟裡供著的地藏菩薩嗎？」眾人不約而同地叫出聲來，一個個都跪在地下虔誠地念著：

「南無大願地藏王菩薩！」

就在眾人的唱念聲中，地藏慈祥地說：

「佛菩薩的偉大不在祂的神通威力，而在祂那永不枯竭的悲心！因此，禮敬佛菩薩的目的，不在求救於祂，而在效法於祂！貧僧曾在無數劫前發下重願——地獄不空，誓不成佛；而今，又看到天嬰也立下類似的大心，貧僧由衷感到喜悅！還能諸位效法天嬰的勇心義行，這才真正合於六祖大師所說的懺悔罪業、發大誓願和皈依佛祖呀！」

說完，讚許地拍拍瘋和尚的肩膀，又轉身向惠能行了一禮，然後一步一步踱出了寶殿，消失在大梵寺外的馬路上！

一日，正是唐玄宗先天二（西元七一三）年的七月一日[15]，惠能召集大梵寺裡[16]的徒眾說：

「貧僧八月就要離開世間了，各位如有什麼疑問，就快點提出來商量吧！」

這突如其來的消息，震動了全寺的僧徒，各個哀傷得哭泣起來！這時，有一個十三四歲[17]、名叫神會的小沙彌，打從寺外進來，指著眾人罵道：

「人生無常，乃是天經地義的事情；你們哭成這副模樣，也不害臊！」

那瘋和尚見是一個孩童進來撒野，就拉他他的衣袖，抱在懷裡說：

「小乖乖，別吵！快出去好嗎？」

沒想到那小沙彌卻裝出一副教訓人的模樣來說：

「是誰不乖呀？看你們各個吵吵鬧鬧地大哭，還說我不乖！」

那瘋和尚愣了一下，搔了搔頭，一時之間竟答不出話來！惠能見這情形，笑了起來說：

「哈哈！小師父說得不錯！世間無常，有生必有死；即使貴如佛陀，也難逃這無常的自然法則哩！諸位修行多年實在輸給這位小師父呀！」

眾人一聽，都羞得面紅耳赤起來。那瘋和尚更像一條喪家犬，夾著尾巴，垂頭喪氣地直往眾人堆裡鑽去！惠能對著眾人說完，又轉身向那沙彌說：

「小師父！你叫什麼名字呀？」

「弟子神會，拜見大師！願大師慈悲收容！」那小沙彌說著禮拜下去。

「喔？你是來參學的嗎？」惠能說：「那麼，你有沒有把那最重要的、最根本的東西帶來呢？」

「大師！就我所知，不思善、不思惡，無所住著的清淨本心就是最重要的、最根本的東西。這個，弟子已經帶來了！」神會沙彌說完，堆出了一副天真的笑容。

「哈哈！」惠能高興得大笑起來，說：「那麼，這東西一定知道誰是我人的主人翁囉？」

「當然知道！」那沙彌說：「能見到這本心、體悟這本心的，就是我人的主人翁！」

「哈哈！你這小孩竟然答得這般伶俐，也不嫌太草率了嗎？」惠能說著，斜眼瞪了神會一眼，一時之間，也分不清楚到底是讚美或是責備！

忽然，那神會裝出一副大人的口氣問：

「大師！您坐禪時，見到或沒見到這本心呢？」

惠能一聽這話，隨著拿起身邊的禪杖，狠狠地往那沙彌打了三下，然後說：

「我打你，你是痛也不痛？」

「也痛也不痛！」神會裝出一副不在乎的神情說。

「那麼，我坐禪時，既見又不見！」惠能說。

「為什麼呢？」沙彌問。

「我所見的是自己內心的過失，」惠能說：「所不見的是他人的是非好壞！而你呢？連自己的本心都沒有見到，卻來這裡耍嘴皮、捉弄人！我打你，你說既痛又不痛。你如果不痛，那豈不是如同草木石頭一樣！如果痛，你一定像凡夫一般生出瞋恨之心！讓我再打你幾下，看你是真痛或真不痛！」

說著，惠能作勢要打，那沙彌急忙跪了下來。這一跪雖然免除了惠能的杖打，卻被瘋和尚踢得翻了一個觔斗！原來那瘋和尚趁著惠能打他三下時，就已欺到壇下，待機要打他一番了！

這神會，別看他小小年紀，卻是個性情剛強的沙彌。只見他翻身爬起，也不理會瘋和尚就跪在惠能面前禮拜懺悔說：

「請大師息怒！」

「哈哈！下去好好學習吧！」

惠能邊笑邊說著，然後抬頭打量了四周一下，對著大眾說：

「貧僧再過一個多月就要離開世間了。我沒有任何東西可以留給各位，只有一樣東西，沒頭沒尾，沒背沒面，也沒名沒字，卻又不能留給各位！各位知道這是什麼東西嗎？」

「是諸佛的本源，神會的佛性！」神會站起來搶著說。

「哇！已經告訴你它是沒名沒字的，你卻偏偏說它是什麼本源、佛性的！」惠能笑著責怪起來：「你這小鬼，今後即使有一小間破廟住，也不過是個喜歡鬥嘴逞能的和尚罷了！」

「嘻嘻！怎麼樣！挨罵了吧！」

瘋和尚向神會扮鬼臉說。神會白了他一眼，摸摸鼻子，沒趣地坐回蒲團上去！

七月八日，惠能領著神會、法海、瘋和尚等人，回到了闊別三四十年[18]的家鄉故居。這時，白髮蒼蒼的老母已經過世了，破舊的茅房，在唐中宗的命令下，早已改建成為國恩寺了[19]。沒有變的，只是故鄉的風日、故鄉的田禾，以及故鄉那翠綠的青山！

八月初三日的晚上，國恩寺裡黑鴉鴉一片人潮，所有的油燈都點燃了，卻沒有令人聽了法喜充滿的梵唱，有的只是惠能蒼老瘖瘂的歌聲：

心地含諸種，普雨悉皆萌。
頓悟花情已，菩提果自成！[20]

唱完了歌，惠能接著說法：

「諸位！貧僧一生所說的道理，不過像是一場及時的雨水，普潤諸位的心地罷了！你們自身本具的佛性，就像花木的種子一般，才是成佛解脫的真正原因！但願諸位念念以這本具的平等佛性，不思善、不思惡，不思是非、美醜，來普度一切苦難的眾生！」

說著，惠能又悠悠唱起歌來：

兀兀不修善，騰騰不造惡。
寂寂斷見聞，蕩蕩心無著！㉑

唱完了歌，惠能一語不發地端坐到三更，然後對眾人說：

「諸位，我走了！」

忽然，異香滿室，禽獸哀鳴；一條白虹連屬在禾田裡，彎彎地套在國恩寺的夜空上；周遭數里內的林木，在這三更的深夜裡，竟因而變成了一片銀白！一代偉人逝世了！沒有人哭泣，沒有人走動或說話，大殿裡死寂得像是停了擺的古鐘，卻掩不住人們對這偉人的哀思！

十一月十三日，廣、韶、新三州的州牧、官員和僧俗，會集在國恩寺，迎出大師的肉身，連著五祖傳下的衣缽，送回曹溪寶林寺裡入塔。韶州刺史連日趕去京城啟奏，玄宗皇帝親自下令立碑，銘記這一代祖師的偉大德行！

惠能去世後，南、北禪的摩擦和衝突並沒有停止，甚至有愈演愈烈的態勢！

開元十（西元七二二）年八月三日的夜半，離惠能逝世八九年，有洪州（今江西南昌）

開元寺的高麗和尚金大悲，以金錢唆使賊人張淨滿，前往曹溪盜取惠能的靈骨。縣令楊侃、刺史柳無忝下令逮捕，後因惠能的高徒令韜的請求，而加以釋放。像這類的事情，前前後後共發生了四次[22]！惠能的徒眾們終於按捺不住，漸漸開始採取行動了！

開元二十（西元七三二）年正月十五日[23]，一個四十多歲的和尚，背著簡單的行李，匆匆來到河南滑台的大雲寺——這裡離開北禪的中心、神秀的化區洛陽，只是咫尺之隔而已！這一日，不知是為了慶祝一年一度的元宵節，或是另有原因，大雲寺裡張燈結綵，人來人往，不計其數的僧俗，打從大江南北趕來參加寺裡舉辦的「無遮大會」。這「無遮大會」原是寺廟裡齋僧濟貧的法會，就像民間婚喪喜慶時的流水席一般，一任十方僧俗隨喜參加！

只見大雲寺前的廣場上，高高搭起一個木台，台上端坐著的正是那個四十多歲的和尚！台下鬧哄哄地亂成一片，噓聲夾著掌聲激盪在初春的空氣裡，似乎顯得更加刺耳錐心！一個人稱「山東遠」[24]的和尚，滿臉怒容地指著台上那位法師直罵！而那台上的法師也不甘示弱地站了起來，義正詞嚴地對著黑鴉鴉一片的聽眾喊著：

「諸位！貧僧神會，今天在這大雲寺前召開無遮大會，不為個人名利，也不為個人功德，而為天下學道者定宗旨，為天下學道者辨是非！」[25]

原來這高高在上，如猛虎雄獅般吼著的中年和尚，竟是當年被惠能杖打三下的神會沙彌！只見他高舉雙手，雄辯滔滔地接著說：

「諸位！佛法有南北之分嗎？佛法有貴賤之分嗎？沒有！當然沒有！但是，自從五祖傳法給我六祖大師之後，我六祖大師卻屢屢遭到北禪不肖弟子的打擊！只因我六祖大師是嶺南人，是一字不識、出身寒微的嶺南人！這些年來，在北人的唆使下，劫奪衣缽者有之，刺殺大師者有之，盜取大師靈骨者有之㉖！最近更有一個名叫普寂的僧人，竟大言不慚地自稱是第七代祖師！」

這時，那個人稱「山東遠」的和尚突然站起來說：

「神會！普寂禪師名字蓋國，天下知聞，眾口共傳為不思議，何故如此相排斥？豈不與身命有仇！」㉗

神會一聽，站起來猛拍胸膛說：

「我神會豈是貪生怕死之輩，何必以身命相要挾！我神會在幾年前就到處舉辦無遮大會，為的是弘揚正法、建立正教，令天下所有眾生得到益處，區區身命還怕犧牲嗎？」

台下的聽眾見他這般視死如歸，不禁拍手叫好起來！然而，卻也因此帶來不小的噓聲！只見那山東遠又厲聲問道：

「神會！依你這麼說，普寂禪師既然不是第七代祖師，那麼他的師父神秀大師，也應該不是第六代祖師囉！但是，神秀大師乃是當今皇上的師父，你能說他不是第六代祖師嗎？」

「佛門中只論真理，不談人情！我六祖大師親傳五祖衣缽，這是天下人人皆曉的事實！神秀大師雖貴為國師，怎麼有資格擔當六祖呢？諸位！我歷代祖師，從初祖達摩直到五祖弘忍，從來就沒有一個人去巴結權貴，充當國師的！」

台下先是一陣掌聲，接著是一陣噓聲！漸漸地，噓聲竟蓋過了掌聲，一個年輕人氣勢洶洶地登上本台，硬把台上用來裝飾場面的一塊屏風拆下！台上台下一時之間亂成一片。大雲寺裡的和尚見這情景，趕快把神會護持下台，暫時要他避避風頭！

從此，神會過著坎坷不安的流浪生活：在滑台東方不遠的白馬縣縣官，以涉嫌一件武鬥事件為由，將神會逮捕治罪！不久，衛河南部的兩個縣令，又以「思想問題」迫令神會脫去僧衣，而服勞役，有幾次差點就被凌虐至死！八九年後（天寶十二年，西元七五三年），一個名叫盧奕的御史中丞相（他是普寂的徒弟），利用他的政治力量，誣告神會「聚眾」、「疑萌不利」；神會終於以造反、叛亂的罪名，被放逐到江西弋陽郡去！隨後，又三度流放，最後才在荊州（今湖南、湖北）開元寺安居下來！㉘

兩年後，一件驚天動地的事情改變了大唐帝國，也改變了神會的命運！那就是發生在唐玄宗天寶十四（西元七五五）年的安史之亂！

是年冬天，身兼平盧、河東、范陽三個節度使的安祿山，率領史思明以及十五萬大軍叛變了！黃河南北各縣，在這冰天雪地當中，不出數月，全都望風瓦解！東都洛陽周遭數百里內盡成廢墟，滔滔黃河成了滾滾血水，極目所至都是斷垣殘壁以及森森白骨！郭子儀、李光弼等名將，竟也屢戰屢敗；唐軍退守潼關。

翌年正月，安祿山自稱大燕皇帝。六月，「漁陽鼙鼓動地來」，西京長安失守，唐玄宗帶著寵妾楊貴妃，以及少數禁衛軍，在一個霪雨霏霏的清晨，倉皇離京西行。次日，當大隊人馬來到陝西馬嵬驛時，禁衛軍的將士們，在飢疲交迫下，殺了宰相楊國忠，縊死寵妾楊貴妃，不久，連那老淚縱橫的玄宗皇帝，也被逼迫放棄了帝位！

正當成千上萬的百姓忙著南逃西遷的時刻，一個滿臉風霜，看了就令人肅然起敬的老和尚，手扶禪杖，冒著漫天烽火，打從荊州開元寺直往戰地京洛奔去；那正是放逐多年，備嘗艱辛的神會和尚！

神會停停走走，沿途救度那些因戰火而流離失所的人們，一日來到了滿目瘡痍的洛陽。這時，安祿山已經被他的兒子安慶緒刺殺，史思明也見勢投降唐軍。在大將郭子儀的反攻下，唐軍收復了兩京失地，只有那安慶緒依然盤據在黃河北岸的鄴城苦戰。然而，連年的戰爭，大唐帝國的軍民疲憊不堪，兩京國庫也已虧損一空；眼看著就要平定這場叛亂，卻奄奄一息，不得不繼續拖延下去！

神會在洛陽附近到處奔走，有幾次還將陋就簡地召開無遮大會。這回，除了弘揚惠能的南宗頓禪之外，最重要的是為搖搖欲墜的大唐帝國勸募軍需！神會和尚以一個不食人間煙火的老出家人登高一呼，竟然鼓舞了帝國的民心士氣，捐款者有之，捐糧者有之，施給玉釵女紅者有之。一時之間，長安、洛陽附近，竟有一萬多人捐出大筆香油錢給國庫，為的是要跟從神會和尚出家！㉙

從此，神會和尚漸漸受到朝野的重視。唐肅宗至德三（西元七五八）年，郭子儀出面奏請為達摩祖師立塔㉚。乾元二（西元七五九）年，廣州節度使韋利見，奏請將惠能的袈裟迎入皇宮供奉㉛。顯然，這都是軍方為了感謝神會的大力相助而採取的反應！

寶應元（西元七六二）年五月十三日，神會以七十五歲的高齡怡然逝世。翌年，連亙八年的安史之亂終於平定了。貞元十二（西元七九六）年，在眾人的要求下，皇太子出面召集全國各地禪師，正式策封神會為禪門第七代祖師。從此，神會的師父——惠能大師，乃禪門第六代祖師，成了民間和朝廷共同承認的事實了！㉜

這一切，不正應驗了達摩祖師的預識嗎？

吾本來茲土，傳法救迷情。
一花開五葉，結果自然成！㉝

【註釋】

① 韋璩禮請惠能下山的故事，出自原經〈行由品〉第一及《景德傳燈錄》卷五。按，惠能下山的年月已不可考。

② 大梵寺位於韶州曲江縣的河西。依印順之《中國禪宗史》第六章的考證，《壇經》最原始的部分，都是惠能在大梵寺說法的紀錄。

③ 維那僧是寺廟中負責領導眾人念唱的和尚。

④ 依原經〈懺悔品〉第六，惠能說法的內容依次是：㈠傳自性五分法身香；㈡授無相懺悔；㈢發四弘誓願；㈣授無相三皈依戒；㈤說一體三身自性佛。這是惠能在大梵寺說法的最主要內容，也是《壇經》的最原始部分（詳前註②）。本節為了不涉及太深的內容，只留下五部分中的㈡、

㈢、㈣，而成為本節中的懺悔罪業、發大誓願，以及皈依佛祖。

⑤以上瘋和尚的故事，乃受《景德傳燈錄》卷三的一則故事的啟發而改寫的。

⑥這四句原經前兩句冠以「自心」，後兩句冠以「自性」。現為了順口起見，一律冠以「自心」。

⑦底下韋璩與惠能之間的問答，出自原經〈疑問品〉第三。

⑧阿彌陀，譯為無量壽。依《佛說阿爾陀經》所說，此佛現居於西方極樂世界，人們只要至誠稱念祂的名字，即可往生該一世界。

⑨相傳佛有三身：法身、報身、應身（化身）。法身才是他的真身，乃無形無相的東西。

⑩勢至，乃大勢至菩薩的簡稱，相傳住在西方極樂世界幫助阿彌陀佛度眾。

⑪此句中的「菩提」是印度話，意思是「覺悟」。

⑫這幾首詩原經叫做〈無相頌〉，出自〈疑問品〉第三。

⑬九子山，在安徽省青陽縣西南，唐李白將之改名為九華山，乃佛教四大名山之一。相傳是地藏菩薩顯聖的地方。詳《大清一統志》卷八十二、《九華山志》、《宋僧傳》等。

⑭詳《涅槃經．聖行品》（南本卷十一第十九之上）。此中，聖行即戒、定、慧之聖者之行；梵行乃離慾的清淨行；病行則為示現多病的世間（如維摩詰居士），另外兩行詳下文。

⑮應是睿宗延和元年，因八月才改為先天。現在仍依原經年月。

⑯依原經〈咐囑品〉第十，並未說明是什麼寺。現暫視為大梵寺。

⑰原經〈機緣品〉第七說神會見惠能是在十三歲時（此與《曹溪大師別傳》相同），宗密《圓覺經大疏鈔》則說是十四歲見惠能。更有王維之〈六祖能禪師碑銘〉（《全唐文》卷三二七）說是「中年」見惠能！依印順《中國禪宗史》第七章第一節的考證，應以十三或十四歲見惠能為正確。又，敦煌本《壇經》（第四十四節）說神會在曹溪第一次見到惠能，現在為了情節的需要，將之安排在本章。

⑱原經〈咐囑品〉說惠能「說法利生三十七載」。但依印順之考證推算，應為四十六載才對。詳印順《中國禪宗史》第五章。

⑲詳上節註⑭。

⑳此偈出自原經〈咐囑品〉第十。

㉑此偈出自原經〈咐囑品〉第十。

㉒詳《壇經》流通本附錄部分之〈令韜錄〉。按：令韜乃看守惠能遺體的和尚。

㉓底下有關神會在滑台舉行無遮大會的故事，出自胡適校訂、獨孤沛撰寫之《菩提達摩南宗定是非論》一文。（收集在胡適校之敦煌寫本《神會和尚遺集》頁二五八——三一九；台北中央研究院胡適紀念館、五十七年版）又詳胡適撰文〈荷澤大師神會傳〉一文。（《神會和尚遺集》卷首）

㉔「山東遠」名為崇遠法師。

㉕「為天下學道者宗旨，為天下學道者辨是非」兩句，乃獨孤沛《菩提達摩南宗定是非論》的原句；詳《神會和尚遺集》頁二六七。

㉖詳〈令韜錄〉。

㉗這幾句話，除了開頭的「神會！」之外，都是獨孤沛《菩提達摩南宗定是非論》中的原文；詳《神會和尚遺集》頁二九三。

㉘本段所說神會被害事，皆出自宗密《圓覺經大疏鈔》卷三之一。

㉙詳《佛祖歷代通載》卷十七、《佛祖統記》卷四十一、《釋氏資鑑》卷七、《宋僧傳》等。

㉚詳陳寬〈再建圓覺塔誌〉（《唐文捨遺》三一）。

㉛詳《曹溪大師別傳》。

㉜本段所記事蹟，皆出自宗密《圓覺經大疏釋義鈔》卷三之下；其中有些年代上的錯誤，均經筆者改正。

㉝此偈出自原經〈咐囑品〉第十。其中「茲土」指中國。「一花」乃達摩自稱。「五葉」則有二說：一指達摩初祖至弘忍五祖共有五人；一指惠能之下所開出之曹洞、雲門、法眼、臨濟、溈仰等五宗（參見本書第十五章「青原行思」及第十六章「南嶽懷讓」之註釋①）。總之這首偈是達摩所作，大意是：我來到中國傳法救濟世人，只要能傳五代（或能開展出曹洞等五宗），則一切都圓滿完成了！

後記

剛剛改寫完《壇經》，就由衷地感到惶恐不安，因為本書並沒有把禪宗或佛教的精神完全表達出來。

禪宗是大乘佛教的一支，大乘佛教的精神是奉獻小我而廣度眾生。而所謂廣度眾生，卻可分成兩端：一是透過佛菩薩的說法，讓每一個眾生得到身心的徹底解脫；另一則是透過佛菩薩的社會改造，讓這世界成為合理的、適合修行的「淨土」。可以說，前者是側重個別的救度，後者卻包括政治、經濟、教育等各方面的革新。在釋迦的遺教當中，這二者原本是廣度眾生的雙軌，缺一即無法圓滿地運行；是以，貴如釋迦者，固然孜孜不倦地到處說法度眾，卻也曾經為了救度他的祖國，而靜坐在大馬路旁，抗議敵軍的入侵。

然而，本書卻著重前者的闡發，對於苦難社會的全面改造卻甚少言及；這是筆者深深感到遺憾的！

也許，宗教畢竟不是政治，以致在中國，大乘佛教的流傳雖有八宗之多，卻也宗宗偏於個別的救度；標舉山林生活的禪宗自然也不例外。

在隋代，信行（西元五四〇——五九四）所創立的「三階教」，倒是一個特重社會改造的宗派。三階教的信眾們，一方面依照佛法已衰的「末法」思想，宣稱末法時代無正法治化的王者，亦無正法住持的僧寶；另一方面則普於各州廣設「無盡藏院」，以救濟天下孤貧。我們可以肯定地說，其後風行於各朝代的慈善機構，舉凡武后時代的慈田院、養病院、悲田坊，乃至趙宋的長生庫，大都濫觴於信行的「無盡藏院」。

然而，三階教卻因「誹議帝王」的罪名，在開皇二十（西元六〇〇）年被禁止流布；其後，李唐一代也屢次彈壓，以致雖盛況不衰，卻也不得不走上滅亡的道路！

另一個特重現實改造的宗派是彌勒信仰：它是淨土宗的一支。隋唐時代，彌勒信仰的盛行，遠超過另一支淨土思想——阿彌陀佛的西方極樂世界的信仰；這不但可以從道安、法顯、玄奘等諸高僧的高舉彌勒看出，亦可從龍門石窟中彌勒、彌陀二像的消長看出。

從現實改造的觀點來說，彌勒信仰遠比三階教還要具有濃厚的政治意味。不但古代的帝王，像隋文帝、武則天，喜歡利用彌勒信仰以迷惑天下百姓的耳目（詳本書第十一章註釋），就是在民間，也往往利用彌勒信仰而興兵作亂。這尤其在彌勒信仰與波斯拜火教——摩尼教（明教）結合之教，更顯出其政治改造的面目；元末白蓮教的盛極一時即其明證。

然而，標榜社會改造的彌勒信仰，在明太祖以後卻產生了本質上的變化。朱元璋一方面利用白蓮教（明教）的勢力而建立了他的專制王朝，甚至連他的王朝也取名為「明」；但是，另一方面卻反而鎮壓彌勒信仰的擴張，在他看來，主張「君君、臣臣」的儒家，總來得比要求不斷變造的彌勒信仰穩當得多！朱元璋這種「過河拆橋」的勾當，再度鞏固了儒家的正統地位，卻使得彌勒信仰從此走入地下，彷佛著重現實改造的大乘思想，非得在下階層的祕密宗教當中才能找到似的！中國大乘佛法的雙軌，又再次失去了一軌！

在這種情形下，六祖惠能的遺教當中，缺少積極入世的淨土思想，那是可以想見的。不過，筆者既然有幸改寫《壇經》，對於大乘佛教的救度思想，卻不得不在此做以上的補充。

事實上，像三階教或彌勒信仰者這樣積極入世的救度思想，乃源自大乘佛法所標榜的般若思想——它是六波羅蜜的首要。般若，譯為「智慧」，實際上是特指一種體悟萬法皆空的智慧。它有消極自度面，也有積極度人面，二者皆不可偏廢，否則即成殘缺不全的般若了；然而在中國，對般若的了解卻偏偏只限於消極自度這一面的闡發。所謂般若的消極自度面，是指體悟了萬法皆空，則能放下一切煩惱、執著，達到坦蕩磊落，自在解脫的境界。而所謂般若的積極度人面，雖也不外是體悟這一切皆空的境界，但卻置自身的解脫於不顧，而顯發在大無畏的，不屈不撓的救度眾生當中。就一個體悟了般若之積極意義的菩薩來說，不會像獨善其身的小乘人那樣，厭生死苦、欣涅槃（解脫）樂；相反地，一個積極入世的菩薩，乃是「不厭生死苦、不欣涅槃樂」的行者——因為他知道生死與涅槃都是空幻的，都是平等無有差別的。所以《大般若經》說：「菩薩以處生死為樂，不以涅槃為樂。」又說：「若觀生死而起厭怖，欣樂涅槃，則墮非道，不能利樂一切有情，通達如來甚深境界！」（卷五七二）

體悟般若的菩薩不但不畏生死輪迴之苦，也沒有其他任何的恐怖；這不但《般若心經》說：「依般若波羅蜜多故，心無罣礙，無罣礙故，無有恐怖！」而且，《大般若經》更說得清楚：「菩薩修行般若波羅蜜多時，於一切法都無所見；無所見時，其心不驚不恐不怖，於一切法心不沉沒亦不憂悔！」（卷三六）我們可以想見，菩薩之所以被譯為「勇心」、「大心」，之所以能夠不屈不撓地改造社會、建立淨土，不外是這種不厭生死苦乃至無有恐怖、不憂不悔的般若精神的顯發。此徵諸解空第一之僧肇法師因觸犯國法，臨刑時還高唱「將頭就白刃，猶似斬春風」的詩句，即可見其一斑。（詳《景德傳燈錄》卷二十七。）

是以，像《金剛經》那首四句偈所說的：「一切有為法，如夢幻泡影……」，我人固可稱它為消極的、自了漢的、厭棄世間的，然其真正的本意卻是不屈不撓的般若精神。只是中國佛教僅僅保留了它的消極面，卻未能闡揚它的積極意義而已！三階教的衰亡，彌勒信仰的抑鬱不振，不能不說是般若精神的喪失，也不能不說是全中國人的遺憾吧！

大乘佛法的另一特色是神話，這也和它標舉「廣度眾生」的教義有關。依據史家的研究報告顯示，愈是原始的佛經，像《四阿含經》，愈是質樸平實；相反地，愈是高唱「廣度眾生」的後期佛經，像大乘經典，愈是染著濃厚的神話色彩。個中原因，雖然與傳統印度教的神祕主義有關，然而「廣度眾生」卻是更加重要的因素。

史家們相信，大乘佛法之所以不同於較早的小乘佛法，乃在它以布施、持戒、忍辱、精進、禪定、般若（智慧）等「六波羅蜜」為中心，開展出「廣度眾生」的菩薩精神。然而，既是廣度眾生，就不只是對那些慣於抽象思考的知識分子或上流社會的救度；那些貧窮、退怯，有冤無處伸，因而景仰神力、渴望實質助益的下層民眾，也是菩薩時刻關懷的對象。因此，佛經中的解脫者，遂從側重平實之哲理思辯的人格「阿羅漢」，流變而成神通廣大，有求必應的神格佛陀！

是以，大乘經典雖不必一定如某些學者所說的，全都屬於後代的偽造，卻著實雜有後人添加進去的材料，其中，有一部分便是對佛菩薩的神化描述。史家們的這種看法，並不完全是空穴來風，因為佛滅後一兩百年，在小乘的學派當中，就開始熱烈地討論佛陀到底是人或是神的問題。保守的上座部，由於堅守原始佛法的平實遺教，主張佛陀和凡夫一樣，如說：「世尊亦有不如義語」、「佛所說經非皆了義」；相反地，浪漫而前進的大眾部，卻站在神化的佛身觀，而說：「如來色身實無邊際，如來威力亦無邊際，如來壽量亦無邊際！」（以上皆見世友所作之《異部宗輪論》）甚至在澄禪的《三論玄義檢幽集》以及尊祐的《科註三論玄義》，都曾引用真諦的《部執異論》（已失傳），而說：大眾部的創立者——大天（Mahádeva）曾告訴他的弟子們：「佛已滅度，若有聰明人，能說法者亦得作經，汝等若作經者，隨意作之！」（《檢幽集》卷五）這無異是說，有很多佛經是後來的大眾部所杜撰的；史家們相信，這些復出的經典即使不是大乘經，至少也是大乘經的前身。

筆者不敢斷言這種說法的真實程度（因為這種說法忽略了宗教徒內心所自證的「神

祕經驗」），但是，本書對於神話的處理方式，卻恰巧吻合史家所說的這種神話發展的線索。在大乘佛法中，禪宗是最平實的一支；《壇經》中很少有令人看了瞠目咋舌的神話故事。然而，本書卻增添了許多「怪力亂神」的材料。儘管這些增添的部分，是禪門中流傳極廣的掌故，而且大半是有稽可查而詳加詮釋的，但是筆者仍然感到惶恐不安，深怕因此而破壞了禪宗那樸實無華的精神。

筆者當初的構想是：神話，既然像史家們所說的，只是為了廣度眾生而方便施設的，那麼，筆者也來個效法前賢——大天，依樣畫葫蘆，在枯燥生澀的經文當中，穿插一些老少咸宜的神話故事吧！

而且，筆者還相信：文學的本質是非邏輯性的，其所慣用的語言，不是描述事實的「記述語言」（descriptive language），而是抒發情感的「表情語言」（expressive language）；也就是說，文學是與「真」無多大關聯的藝術。這種真與美分家的藝術理論，從杜波斯（Dubos）、康德（Kant）、席勒（Schiller）之後，已成學界的定論；到了十九世紀唯美主義盛行之後，在「為藝術而藝術」（Art for Art's Sake）的口號下，純「美」的文學理論，更顯得振振有詞了。基於文學獨立於「真」的這種體認，象徵而誇張的句子，是文學作品常見的語言，李白的「白髮三千丈，離愁似箇長」，不過是諸多例證當中的一個罷了！本書的神話故事，也是基於這種觀點而雜糅進去的。

然而，這並不意味著筆者像高惕爾（Th. Gauthrier）那樣，是一個高居象牙之塔，與現實人生脫節的「唯美主義」者；相反地，筆者相信，像托爾斯泰（Leo Tolstoy）那種「藝術乃為大眾服務」的理論，或是韓愈那種「文以載道」的宗旨是廣度眾生，那麼，任何與大乘佛法相關的文學作品，就不能是「高原陸地」上的幽蘭，而應是「卑濕汙泥」中的蓮花；就不能是「為藝術而藝術」，而應是「為服務社會而藝術」。因此，為了廣度眾生（亦即為了擴大讀者群），本書以文學作品的面目出現在讀者的面前，而且還大量糅雜通俗的神話故事。

可擔憂的是那些缺乏批判與反省能力的讀者，例如年幼的小讀者們，他們很可能會把本書杜撰出來的神話故事當真；這與禪宗那種注重平實、注重現世、不畏權威、不重教條的精神，是嚴重違背的！因此，筆者才在這書末，不厭其煩地鄭重呼籲：希望讀者們能以文學的、無關乎「真」的心情，徜徉在本書每一章節的神話故事當中！

最後，應該順便一提的是：為什麼會把一部嚴肅的、廣談哲理的《六祖壇經》，改寫成為感性的、小說式的作品？除了上述「廣度眾生」的理由之外，乃因這是一件從來沒有人做過，也沒有人願意做的工作！首先，市面上，《壇經》的註疏已經很多，例如丁福保的「箋註」（佛教出版社），佛光出版社的「註釋」；其次，《壇經》的白話譯本也不少，例如上舉的「註釋」；而禪宗史、禪宗公案的研究更多，例如印順之《中國禪宗史》（慧日講堂）、吳經熊之《禪學的黃金時代》（商務版），吳怡的《公案禪語》（東大版）、巴壺天的《藝海微瀾》（廣文版），乃至鈴木大拙的中譯作品也有四五種之多（皆志文版）。這在在證明筆者沒有必要再做重複的工作。因此，筆者選擇了文學小說的一路來改寫《壇經》。

也許，這樣地改寫《壇經》是欠缺嚴謹和忠實的，但筆者卻是兢兢業業，虔敬誠懇地嘗試著！

一九八〇年十二月十三日楊惠南記

附錄 原典精選

菩提本無樹，明鏡亦非臺。
本來無一物，何處惹塵埃？

〈行由品〉第一

惠能嚴父，本貫范陽，左降流于嶺南，作新州百姓；此身不幸，父又早亡，老母孤遺，移來南海；艱辛貧乏，於市賣柴。

時，有一客買柴，使令送至客店；客收去，惠能得錢，卻出門外，見一客誦經。惠能一聞經語，心即開悟，遂問：「客誦何經？」

客曰：「《金剛經》。」

復問：「從何所來，持此經典？」

客云：「我從蘄州黃梅縣東禪寺來。其寺是五祖忍大師在彼主化，門人一千有餘；我到彼中禮拜，聽受此經。大師常勸僧俗，但持《金剛經》，即自見性，直了成佛。」

惠能聞說，宿昔有緣，乃蒙一客，取銀十兩與惠能，令充老母衣糧，教便往黃梅參禮五祖。

惠能安置母畢，即便辭違，不經三十餘日，便至黃梅，禮拜五祖。

祖問曰：「汝何方人？欲求何物？」

惠能對曰：「弟子是嶺南新州百姓，遠來禮師，惟求作佛，不求餘物。」

祖言：「汝是嶺南人，又是獦獠，若為堪作佛？」

惠能曰：「人雖有南北，佛性本無南北；獦獠身與和尚不同，佛性有何差別？」

五祖更欲與語，且見徒眾總在左右，乃令隨眾作務。

惠能曰：「惠能啟和尚，弟子自心，常生智慧，不離自性，即是福田。未審和尚教作何務？」

祖云：「這獦獠根性大利，汝更勿言，著槽廠去。」

惠能退至後院，有一行者，差惠能破柴踏碓。

八月餘日，祖一日忽見惠能曰：「吾思汝之見可用，恐有惡人害汝，遂不與汝言，汝知之否？」

惠能曰：「弟子亦知師意，不敢行至堂前，令人不覺。」

祖一日喚諸門人總來：「吾向汝說，世人生死事大，汝等終日只求福田，不求出離生死苦海；自性苦迷，福何可救？汝等各去自看智慧，取自本心般若之性，各作一偈，來呈吾看。若悟大意，付汝衣法，為第六代祖。火急速去，不得遲滯；思量即不中用，見性之人，言下須見，若如此者，輪刀上陣，亦得見之。」

眾得處分，退而遞相謂曰：「我等眾人，不須澄心用意作偈，將呈和尚，有何所益？神秀上座，現為教授師，必是他得。我輩謾作偈頌，枉用心力。」

諸人聞語，總皆息心，咸言：「我等已後依止秀師，何煩作偈？」

神秀思惟：「諸人不呈偈者，為我與他為教授師，我須作偈，將呈和尚，若不呈偈，和尚如何知我心中見解深淺？我呈偈意，求法即善，覓祖即惡，卻同凡心，奪其聖位奚別？若不呈偈，終不得法。大難大難！」

五祖堂前，有步廊三間，擬請供奉盧珍，畫「楞伽變相」，及「五祖血脈圖」，流傳供養。神秀作偈成已。數度欲呈，行至堂前，心中恍惚，遍身汗流，擬呈不得；前後經四日，一十三度呈偈不得。秀乃思惟：「不如向廊下書著，從他和尚看見。忽若道好，即出禮拜，云是秀作；若道不堪，枉向山中數年，受人禮拜，更修何道？」

是夜三更，不使人知，自執燈，書偈於南廊壁間，呈心所見，偈曰：

身是菩提樹，心如明鏡臺。

時時勤拂拭，勿使惹塵埃。

秀書偈了，便卻歸房，人總不知。秀復思惟：「五祖明日見偈歡喜，即我與法有緣；若言不堪，自是我迷，宿業障重，不合得法。」聖意難測，房中思想，坐臥不安，直至五更。

祖已知神秀入門未得，不見自性。天明，祖喚盧供奉來，向南廊壁間，繪畫圖相，忽見其偈，報言：「供奉卻不用畫，勞爾遠來。經云：『凡所有相，皆是虛妄。』但留此偈，與人誦持，依此偈修，免墮惡道，依此偈修，有大利益。」

令門人炷香禮敬，盡誦此偈，即得見性，門人誦偈，皆歎善哉！

祖，三更喚秀入堂，問曰：「偈是汝作否？」秀言：「實是秀作，不敢妄求祖位，望和尚慈悲，看弟子有少智慧否？」

祖曰：「汝作此偈，未見本性：只到門外，未入門內。如此見解，覓無上菩提，了不可得；無上菩提，須得言下識自本心，見自本性，不生不滅。於一切時中，念念自見，萬法無滯，一真一切真，萬境自如如。如如之心，即是真實，若如是見，即是無上菩提之自性也。汝且去，一兩日思惟，更作一偈，將來吾看；汝偈若入得門，付汝衣法。」

神秀作禮而出。又經數日，作偈不成，心中恍惚，神思不安，猶如夢中，行坐不樂。

復兩日，有一童子於碓坊過，唱誦其偈；惠能一聞，便知此偈未見本性，雖未蒙教授，早識大意。遂問童子曰：「誦者何偈？」童子曰：「爾這獦獠不知，大師言，世人生死事大，欲得傳付衣法，令門人作偈來看。若悟大意，即付衣法為第六祖。神秀上座，於南廊壁上，書〈無相偈〉，大師令人皆誦，依此偈修，免墮惡道；依此偈修，有大利益。」

惠能曰：「上人！我此踏碓，八箇餘月，未曾行到堂前，望上人引至偈前禮拜。」

童子引至偈前禮拜，惠能曰：「惠能不識字，請上人為讀。」

時，有江州別駕，姓張名日用，便高聲讀。惠能聞已，遂言：「亦有一偈，望別駕為書。」

別駕言：「汝亦作偈，其事希有！」

惠能向別駕言：「欲學無上菩提，不得輕於初學。下下人有上上智，上上人有沒意智。」

別駕言：「汝但誦偈，吾為汝書。汝若得法，先須度吾，勿忘此言。」

惠能偈曰：

菩提本無樹，明鏡亦非臺。
本來無一物，何處惹塵埃？

書此偈已，徒眾總驚，無不嗟訝，各相謂言：「奇哉！不得以貌取人，何得多時，使他肉身菩薩。」

祖見眾人驚怪，恐人損害，遂將鞋擦了偈，曰：「亦未見性。」眾以為然。

次日，祖潛至碓坊，見能腰石舂米，語曰：「求道之人，當如是乎？」乃問曰：「米熟也未？」

惠能曰：「米熟久矣，猶欠篩在。」

祖以杖擊碓三下而去。惠能即會祖意，三鼓入室；祖以袈裟遮圍，不令人見，為說《金剛經》。至「應無所住而生其心」，惠能言下大悟，一切萬法，不離自性。

遂啟祖言：「何期自性，本自清淨；何期自性，本不生滅；何期自性，本自具足；何期自性，本無動搖；何期自性，能生萬法。」

祖知悟本性，謂惠能曰：「不識本心，學法無益；若識自本心，見自本性，即名丈夫、天人師、佛。」

三更受法，人盡不知，便傳頓教及衣缽。云：「汝為第六代祖，善自護念，廣度有情，流布將來，無令斷絕。聽吾偈曰：

有情來下種，因地果還生。
無情亦無種，無性亦無生。」

祖復曰：「昔達摩大師，初來此土，人未之信，故傳此衣，以為信體，代代相承。法則以心傳心，皆令自悟自解。自古，佛佛惟傳本體，師師密付本心；衣為爭端，止汝勿傳。若傳此衣，命如懸絲，汝須速去，恐人害汝。」

惠能啟曰：「向甚處去？」

祖云：「逢懷則止，遇會則藏。」

三更，領得衣缽，五祖送至九江驛，祖令上船，惠能隨即把艣。

祖云：「合是吾渡汝。」

惠能云：「迷時師度，悟了自度；度名雖一，用處不同。惠能生在邊方，語音不正，蒙師付法，今已得悟，只合自性自度。」

祖云：「如是，如是。以後佛法，由汝大行矣。汝今好去，努力向南，不宜速說，佛法難起。」

惠能辭違祖已，發足南行，兩月中間。至大庾嶺。逐後數百人來，欲奪衣鉢。一僧俗姓陳，名惠明，先是四品將軍，性行麤（ㄘㄨ cū）燥，極意參尋，為眾人先，趂（ㄔㄣ chèn）及惠能。惠能擲下衣鉢，隱草莽中。惠明至，提掇不動，乃喚云：「行者！行者！我為法來，不為衣來。」

惠能遂出，坐盤石上。惠明作禮云：「望行者為我說法。」惠能曰：「汝既為法而來，可屏息諸緣，勿生一念，吾為汝說。」

明良久，惠能曰：「不思善，不思惡，正與麼時，那個是明上座本來面目？」

惠明言下大悟。復問云：「上來密語密意外，還更有密意否？」惠能云：「與汝說者，即非密也。汝若返照，密在汝邊。」

明曰：「惠能雖在黃梅，實未省自己面目，今蒙指示，如人飲水，冷暖自知。今行者，即惠明師也。」

惠能曰：「汝若如是，吾與汝同師黃梅，善自護持。」

明又問：「惠明今後向甚處去？」

惠能曰：「逢袁則止，遇蒙則居。」

明禮辭。

惠能後至曹溪，又被惡人尋逐，乃於四會，避難獵人隊中，凡經一十五載，時與獵人隨宜說法。獵人常令守網，每見生命，盡放之。每至飯時，以菜寄煮肉鍋。或問，則對曰：「但吃肉邊菜。」

一日思惟：「時當弘法，不可終遯。」遂出至廣州法性寺，值印宗法師，講《涅槃經》。因二僧論風旛義，一曰風動，一曰旛動，議論不已。

惠能進曰：「不是風動，不是旛動，仁者心動。」

一眾駭然，印宗延至上席，徵詰奧義，見惠能言簡理當，不由文字。

宗云：「行者定非常人，久聞黃梅衣法南來，莫是行者否？」

惠能曰：「不敢！」

宗於是作禮，告請傳來衣鉢，出示大眾。

宗復問曰：「黃梅咐囑？如何指授？」

惠能曰：「指授即無，惟論見性，不論禪定解脫。」

宗曰：「何不論禪定解脫？」

謂曰：「為是二法，不是佛法，佛法是不二之法。」

宗又問：「如何是佛法不二之法？」

惠能曰：「法師講《涅槃經》，明佛性是佛法不二之法。如高貴德王菩薩白佛言：「犯四重禁，作五逆罪，及一闡提等，當斷善根佛性否？」佛言：「善根有二：一者常，二者無常；佛性非常非無常，是故不斷，名為不二。」一者善，二者不善；佛性非善非不善，是名不二。蘊之與界，凡夫見二，智者了達其性無二；無二之性，即是佛性。」

印宗聞說，歡喜合掌，言：「某甲講經，猶如瓦礫；仁者論義，猶如真金。」

於是為惠能剃髮，願事為師。

惠能遂於菩提樹下，開東山法門。惠能於東山得法，辛苦受盡，命似懸絲，今日得與史君官僚僧尼道俗同此一會，莫非累劫之緣？亦是過去生中，供養諸佛，同種善根，方始得聞如上頓教得法之因。教是先聖所傳，不是惠能自智。願聞先聖教者，各令淨心。聞了，各自除疑，如先代聖人無別。

一眾聞法，歡喜作禮而退。

〈般若品〉第二

次日，韋史君請益，師陞座，告大眾曰：「總淨心，念摩訶般若波羅密多。」復云：「善知識！菩提般若之智，世人本自有之，只緣心迷，不能自悟，須假大善知識示導見性。當知愚人智人，佛性本無差別，只緣迷悟不同，所以有愚有智。吾今為說摩訶般若波羅密法，使汝等各得智慧，志心諦聽，吾為汝說。

善知識！世人終日口念般若，不識自性般若，猶如說食不飽，口但說空，萬劫不得見性，終無有益。

善知識！摩訶般若波羅密，是梵語，此言大智慧，到彼岸。此須心行，不在口念。口念心不行，如幻如化，如露如電；口念心行，則心口相應，本性是佛，離性無別佛。何名摩訶？摩訶是大。心量廣大，猶如虛空，無有邊畔，亦無方圓大小，亦非青黃赤白，亦無上下長短，亦無瞋無喜，無是無非，無善無惡，無有頭尾。……

善知識！何名般若？般若者，唐言智慧也。一切處所，一切時中，念念不愚，常行智慧，即是般若行。一念愚，即般若絕；一念智，即般若生。世人愚迷，不見般若，口說般若，心中常愚，常自言我修般若；念念說空，不識真空。般若無形相，智慧心即是。若作如是解，即名般若智。何名波羅密？此是西國語，唐言到彼岸，解義離生滅。著境生滅起，如水有波浪，即名於此岸；離境無生滅，如水常通流，即名為彼岸；故號波羅密。……」

〈疑問品〉第三

……

刺史又問曰：「弟子常見僧俗念阿彌陀佛，願生西方；請和尚說，得生彼否？願為破疑。」

師言：……

迷人念佛，求生於彼；悟人自淨其心。所以佛言：「隨其心淨，即佛土淨。」使君東方人，但心淨即無罪；雖西方人，心不淨亦有愆。東方人造罪，念佛求生西方；西方人造罪，念佛求生何國？凡愚不了自性，不識身中淨土，願東願西，悟人在處一般。所以佛言：「隨所住處，恆安樂。」使君心地，但無不善，西方去此不遙；若懷不善之心，念佛往生難到。……

佛向性中作，莫向身外求。自性迷，即是眾生；自性覺，即是佛。慈悲，即是觀音；喜捨，名為勢至。能淨，即釋迦；平直，即彌陀。人我是須彌，邪心是海水，煩惱是波浪，毒害是惡龍，虛妄是鬼神，塵勞是魚鱉，貪瞋是地獄，愚癡是畜生。

善知識！常行十善，天堂便至；除人我，須彌倒；去邪心，海水竭；煩惱無，波浪滅；毒害忘，魚龍絕。……

韋公又問：「在家如何修行？願為教授。」

師言：「吾與大眾，作〈無相頌〉，但依此修，常與吾同處無別。若不作此修，剃髮出家，於道何益？頌曰：

心平何勞持戒？行直何用修禪？

恩則親養父母，義則上下相憐。
讓則尊卑和睦，忍則眾惡無喧。
若能鑽木出火，淤泥定生紅蓮。
苦口的是良藥，逆耳必是忠言。
改過必生智慧，護短心內非賢。
日用常行饒益，成道非由施錢。
菩提只向心覓，何勞向外求玄？
聽說依此修行，天堂只在目前。」

……

〈定慧品〉第四

師示眾云：

「善知識！我此法門，以定慧為本，大眾勿迷。言定慧別，定慧一體，不是二；定是慧體，慧是定用，即慧之時定在慧，即定之時慧在定。若識此義，即是定慧等學。諸學道人，莫言先定發慧，先慧發定各別。作此見者，法有二相，口說善語，心中不善，空有定慧，定慧不等；若心口俱善，內外一種，定慧則等。……」

〈坐禪品〉第五

……

師示眾云：

「善知識！何名坐禪？此法門中，無障無礙，外於一切善惡境界，心念不起，名為坐；內見自性不動，名為禪。

善知識！何名禪定？外離相為禪；內不亂為定。外若著相，內心即亂；外若離相，心即不亂。本性自淨自定，只為見境思境即亂。若見諸境心不亂者，是真定也。

善知識！外離相即禪，內不亂即定；外禪內定，是為禪定。《菩薩戒經》云：『我本性元自清淨。』善知識！於念念中，自見本性清淨，自修自行，自成佛道。」

〈懺悔品〉第六

……今與汝等授無相懺悔，滅三世罪，令得三業清淨。善知識！各隨語，一時道：「弟子等從前念、今念及後念，念念不被愚迷染；從前所有惡業愚迷等罪，悉皆懺悔，願一時消滅，永不復起。弟子等從前念、今念及後念，念念不被憍誑染；從前所有惡業憍誑等罪，悉皆懺悔，願一時消滅，永不復起。弟子等從前念、今念及後念，念念不被嫉妒染；從前所有惡業嫉妒等罪，悉皆懺悔，願一時消滅，永不復起。……

善知識！既懺悔已，與善知識發四弘誓願，各須用心正聽：

自心眾生無邊誓願度，自心煩惱無邊誓願斷，自性法門無盡誓願學，自性無上佛道誓願成。

……

善知識！今發四弘願了，更與善知識授無相三歸依戒。

善知識！歸依覺，兩足尊；歸依正，離欲尊；歸依淨，眾中尊。從今日去，稱覺為師，更不歸依邪魔外道。以自性三寶，常自證明，勸善知識，歸依自性三寶。佛者覺也，法者正也，僧者淨也。自心歸依覺，邪迷不生，少欲知足，能離財色，名兩足尊。自心歸依正，念念無邪見，以無邪見故，即無人我貢高貪愛執著，名離欲尊。自心歸依淨，一切塵勞愛欲境界，自性皆不染著，名眾中尊。若修此行，是自歸依，凡夫不會，從日五夜，受三歸戒，若言歸依佛，佛在何處？若不見佛，憑何所歸？言卻成妄。

善知識！各自觀察，莫錯用心。經文分明言、自歸依佛，不言歸依他佛。自佛不歸，無所依處。今既自悟，各須歸依自心三寶，內調心性，外敬他人，是自歸依也。……」

〈機緣品〉第七

師自黃梅得法，回至韶州曹侯村，人無知者。時，有儒士劉志略，禮遇甚厚。志略有姑為尼，名無盡藏，常誦《大涅槃經》。師暫聽，即知妙義，遂為解說；尼乃執卷問字。

師曰：「字即不識，義即請問。」

尼曰：「字尚不識，曷能會義？」

師曰：「諸佛妙理，非關文字。」

尼驚異之，遍告里中耆德云：「此是有道之士，宜請供養。」有魏武侯玄孫曹叔良及居民，競來瞻禮。時，寶林古寺，自隋末兵火已廢，遂於故基，重建梵宇，延師居之，俄成寶坊。

僧法海，韶州曲江人也。初參祖師，問曰：「即心即佛，願垂指諭。」

師曰：「前念不生即心，後念不滅即佛；成一切相即心，離一切相即佛。吾若具說，窮劫不盡，聽吾偈曰：

即心名慧，即佛乃定；定慧等持，意中清淨。
悟此法門，由汝習性；用本無生，雙修是正。」

法海言下大悟，以偈讚曰：

「即心元是佛，不悟而自屈。
我知定慧因，雙修離諸物。」

僧法達，洪州人，七歲出家，常誦《法華經》，來禮祖師；頭不至地。祖訶曰：「禮不投地，何如不禮。汝心中必有一物，蘊習何事耶？」曰：「念《法華經》，已及三千部。」祖曰：「汝若念至萬部，得其經意，不以為勝，則與吾偕行。汝今負此事業，都不知過。聽吾偈曰：

禮本折慢幢，頭奚不至地？
有我罪即生，忘功福無比。」

師又曰：「汝名什麼？」
曰：「名法達。」
師曰：「汝名法達，何曾達法？」復說偈曰：

「汝今名法達，勤誦未休歇。
空誦但循聲，明心號菩薩。
汝今有緣故，吾今為汝說。
但信佛無言，蓮花從口發。」

達聞偈悔謝曰：「而今而後，當謙恭一切。弟子誦《法華經》，未解經義，心常有疑，和尚智慧廣大，願略說經中義理。」

……

師曰：「……佛，猶覺也；分為四門：開覺知見、示覺知見、悟覺知見、入覺知見。若聞開示便能悟入，即覺知見，本來真性，而得出現。汝慎勿錯解經意，見他道開示悟入，自是佛之知見，我輩無分。若作此解，乃是謗經毀佛也。彼既是佛，已具知見，何用更開？汝今當信佛知見者，只汝自心，更無別佛。蓋為一切眾生，自蔽光明，貪愛塵境，外緣內擾，甘受驅馳，便勞他世尊從三昧起，種種苦口，勸令寢息，莫向外求，與佛無二；故云開佛知見。吾亦勸一切人，於自心中，常開佛之知見，世人心邪，愚迷造罪，口善心惡，貪瞋嫉妒諂佞我慢，侵人害物，自開眾生知見。若能正心常生，智慧觀照，自心止惡行善，是自開佛之知見。汝須念念開佛知見，勿開眾生知見。開佛知見，即是出世；開眾生知見，即是世間。汝若但勞勞執念，以為功課者，何異犛牛愛尾？」

達曰：「若然者，但得解義，不勞誦經耶？」

師曰：「經有何過，豈障汝念？只為迷悟在人，損益由己。口誦心行，即是轉經；口誦心不行，即是被經轉。聽吾偈曰：

心迷法華轉，心悟轉法華。

誦經久不明，與義作仇家。
無念念即正，有念念成邪。
有無俱不計，長御白牛車。」

達聞偈，不覺悲泣，言下大悟，而告師曰：「法達從昔已來，實未曾轉法華，乃被法華轉。」

……

僧志常，信州貴谿人，髫年出家，志求見性：一日參禮。師問曰：「汝從何來？欲求何事？」

曰：「學人近往洪州白峰山禮大通和尚，蒙示見性成佛之義，未決狐疑，遠來投禮，伏望和尚指示。」

師曰：「彼有何言句，汝試舉看。」

曰：「智常到彼，凡經三月，未蒙示誨。為法切故，一夕，獨入丈室，請問如何是某甲本心本性？大通乃曰：『汝見虛空否？』對曰：『見。』彼曰：『汝見虛空有相貌否？』對曰：『虛空無形，有何相貌？』彼曰：『汝之本性，猶如虛空，了無一物可見，是名正見；無一物可知，是名真知。無有青黃長短，但見本源清淨，覺體圓明，即名見性成佛，亦名如來知見。』學人雖聞此說，猶未決了，乞和尚開示。」

師曰：「彼師所說，猶存見知，故令汝未了。吾今示汝一偈：

不見一法存無見，大似浮雲遮日面。
不知一法守空知，還如太虛生閃電。
此之知見瞥然興，錯認何曾解方便。
汝當一念自知非，自己靈光常顯現。」

常聞偈已，心意豁然，乃述偈曰：

「無端起知見，著相求菩提。
情存一念悟，寧越昔時迷。
自性覺源體，隨照枉遷流。
不入祖師室，茫然趣兩頭。」

……

行思禪師，生吉州安城劉氏，聞曹溪法席盛化，徑來參禮。遂問曰：「當何所務，即不落階級？」

師曰：「汝曾作什麼來？」

曰：「聖諦亦不為。」

師曰：「落何階級？」

曰：「聖諦尚不為，何階級之有？」

師深器之，令師首眾。

一日，師謂曰：「汝當分化一方，無令斷絕。」

思既得法，遂回吉州青原山，弘法紹化，諡號「弘濟禪師」。

懷讓禪師，金州杜氏子也。初謁嵩山安國師，安發之曹溪參扣。讓至，禮拜，師曰：「甚處來？」

曰：「嵩山。」

師曰：「什麼物，恁麼來？」

曰：「說似一物即不中。」

師曰：「還可修證否？」

曰：「修證即不無，汙染即不得。」

師曰：「只此不汙染，諸佛之所護念；汝既如是，吾亦如是。」

讓豁然契會，遂執侍左右一十五載，日臻玄奧；後往南嶽，大闡禪宗，敕諡「大慧禪師」。

……

有一童子，名神會，襄陽高氏子，年十三，自玉泉來參禮。

師曰：「知識遠來艱辛，還將得本來否？若有本，則合識主，試說看。」

會曰：「以無住為本，見即是主。」

師曰：「這沙彌爭合取次語。」

會乃問曰：「和尚坐禪，還見不見？」

師以柱打三下云：「君打汝是痛不痛？」

對曰：「亦痛，亦不痛。」

師曰：「吾亦見，亦不見。」

神會問：「如何是亦見，亦不見？」

師云：「吾之所見，常見自心過愆，不見他人是非好惡；是以亦見不見。汝言亦痛亦不痛，如何？汝若不痛，同其木石；若痛，則同凡夫，即起恚恨。汝向前見不見，是二邊；痛不痛，是生滅。汝自性且不見，敢爾弄人？」

神會禮拜悔謝。

師又曰：「汝若心迷不見，問善知識覓路；汝若心悟，即自見性，依法修行。汝自迷不見自心，卻來問吾見與不見。吾見自知，豈待汝迷？汝若自見，亦不待吾迷，何不自知自見，乃問吾見與不見？」

神會再禮百餘拜，求謝過愆，服勤給侍，不離左右。

一日，師告眾曰：「吾有一物，無頭無尾，無名無字，無背無面，諸人還識否？」

神會出曰：「是諸佛之本源，神會之佛性。」

師曰：「向汝道無名無字，汝便喚作本源佛性。汝向去有把茆（ㄇㄠˇ mǎo）蓋頭，也只成箇知解宗徒。」

祖師滅後，會入京洛，大弘曹溪頓教，著《顯宗記》，盛行于世；是謂「荷澤禪師」。

一僧問師曰：「黃梅意旨，什麼人得？」師云：「會佛法人得。」僧云：「和尚還得否？」師云：「我不會佛法。」

師一日欲濯所授之衣，而無美泉；因至寺後五里許，見山林鬱茂，瑞氣盤旋；師振錫卓地，泉應手而出，漬以為池，乃跪膝浣衣石上。

有蜀僧方辯謁師，師曰：「上人攻何事業？」

曰：「善塑。」

師正色曰：「汝試塑看。」

辯罔措。過數日，塑就真相，可高七寸，曲盡其妙。

師笑曰：「汝善塑性，不解佛性。」

即為摩頂授記，永與人天為福田，仍以衣酬之。

辯取衣分為三：一披塑像，一自留，一用椶裹瘞地中。誓曰：「後得此衣，乃吾出世，住持於此，重建殿宇。」宋嘉祐八年，有僧惟先，修殿掘地，得衣如新。像在高泉寺，祈禱輒應。

有僧舉臥輪禪師偈云：

臥輪有技倆，能斷百思想。

對境心不起，菩提日日長。

師聞之曰：「此偈未明心地，若依而行之，是加繫縛。」

因示一偈曰：

「惠能沒技倆，不斷百思想。
對境心數起，菩提作麼長。」

〈頓漸品〉第八

時，祖師居曹溪寶林；神秀大師在荊南玉泉寺。于時兩宗盛化，人皆稱南能北秀；故有南北二宗頓漸之分，而學者莫知宗趣。

師謂眾曰：「法本一宗，人有南北，法即一種，見有遲疾；何名頓漸？法無頓漸，人

有利鈍，故名頓漸。」

然秀之徒眾，往往譏南宗祖師不識一字，有何所長？秀曰：「他得無師之智，深悟上乘，吾不如也。且吾師五祖，親傳衣法，豈徒然哉！吾恨不能遠去親近，虛受國恩。汝等諸人，毋滯於此，可往曹溪參決。」

……

一僧志徹，江西人，本姓張，名行昌，少任俠；自南北分化，二宗主雖亡彼我，而徒侶競起愛憎。時，北宗門人，自立秀師為第六祖，而忌祖師傳衣為天下聞，乃囑行昌來刺師。師心通，預知其事，即置金十兩於座間。

時，夜暮，行昌入祖室，將欲加害，師舒頸就之。行昌揮刃者三，悉無所損。

師曰：「正劍不邪，邪劍不正；只負汝金，不負汝命。」

行昌驚仆，久而方蘇，求哀悔過，即願出家。師遂與金，言：「汝且去，恐徒眾翻害於汝，汝可他日易形而來，吾當攝受。」

行昌稟旨宵遁，後投僧出家。

一日，憶師之言，遠來禮覲。

師曰：「吾久念汝，汝來何晚？」

曰：「昨蒙和尚捨罪，今雖出家苦行，終難報德，其惟傳法度生乎？……」

〈護法品〉第九

神龍元年上元日，則天中宗詔云：「朕請安秀二師，宮中供養，萬幾之暇，每究一乘。二師推讓云：『南方有能禪師，密授忍大師衣法，傳佛心印，可請彼問。』今遣內侍薛簡，馳詔迎請。願師慈念，速赴上京。」

師上表辭疾，願終林麓。

……

其年九月三日，有詔獎諭師曰：「師辭老疾，為朕修道，國之福田，師若淨名，托疾毗耶，闡揚大乘，傳諸佛心，談不二法，薛簡傳師指授如來知見，朕積善餘慶，宿種善根，值師出世，頓悟上乘。感荷師恩，頂戴無已，並奉磨納袈裟，及水晶鉢，敕韶州刺史修飾寺宇，賜師舊居，為國恩寺焉。」

〈咐囑品〉第十

……

師於太極元年壬子延和七月，命門人往新州國恩寺建塔，乃令促工。次年夏末落成。七月一日，集徒眾曰：「吾至八月，欲離世間，汝等有疑，早須相問，為汝破疑，令汝迷盡。吾若去後，無人教汝。」

法海等聞，悉皆涕泣，惟有神會，神情不動，亦無涕泣。

師云：「神會小師，卻得善不善等，毀譽不動，哀樂不生，餘者不得。數年山中，竟修何道？汝今悲泣，為憂阿誰？若憂吾不知去處，吾自知去處；吾若不知去處，終不預報於汝。汝等悲泣，蓋為不知吾去處；若知吾去處，即不合悲泣。……」

……

法海上座再拜問曰：「和尚入滅之後，衣法當付何人？」

師曰：

「吾於大梵寺說法以至于今，抄錄流行，目曰：《法寶壇經》，汝等守護，遞相傳授，度諸群生，但依此說，是名正法。今為汝等說法，不付其衣，蓋為汝等信根淳熟，決定無疑堪任大事。然據先祖達摩大師付授偈意。衣不合傳。偈曰：

吾本來茲土，傳法救迷情。
一花開五葉，結果自然成。

……

我今說法，猶如時雨，普潤大地，汝等佛性，譬諸種子，遇茲霑洽，悉皆發生。承吾旨者，決獲菩提；依吾行者，定證妙果。聽吾偈曰：

心地含諸種，普雨悉皆萌。
頓悟花情已，菩提果自成。」

……

大師，七月八日，忽謂門人曰：「吾欲歸新州，汝等速理舟楫。」

大眾哀留甚堅，師曰：「諸佛出現，猶示涅槃；有來必去，理亦常然。吾此形骸，歸必有所。」

……

大師，先天二年癸丑歲八月初三日——是年十二月，改元開元——於國恩寺齋罷，謂諸眾曰：

「汝等各依位坐，吾與汝別。」

復說偈曰：

「兀兀不修善，騰騰不造惡。

寂寂斷見聞，蕩蕩心無著。」

師說偈已，端坐至三更，忽謂門人曰：「吾行矣！」奄然遷化，于時異香滿室，白虹屬地，林木變白，禽獸哀鳴。

……

中國歷代經典寶庫㊶

六祖壇經——佛學的革命

編撰者—楊惠南
編　輯—康逸藍
責任企劃—洪小偉
校　對—蘇美文
總編輯—余宜芳
董事長—趙政岷
出版者—時報文化出版企業股份有限公司
108019台北市和平西路三段二四〇號三樓
發行專線—（〇二）二三〇六—六八四二
讀者服務專線—〇八〇〇—二三一—七〇五
（〇二）二三〇四—七一〇三
讀者服務傳真—（〇二）二三〇四—六八五八
郵撥—一九三四四七二四時報文化出版公司
信箱—一〇八九九臺北華江橋郵局第九九信箱
時報悅讀網—http://www.readingtimes.com.tw
法律顧問—理律法律事務所　陳長文律師、李念祖律師
印　刷—紘億印刷有限公司
五版一刷—二〇一二年十一月二十三日
五版三刷—二〇二三年九月十四日
定　價—新台幣二百五十元

時報文化出版公司成立於一九七五年，
並於一九九九年股票上櫃公開發行，於二〇〇八年脫離中時集團非屬旺中，
以「尊重智慧與創意的文化事業」為信念。

六祖壇經：佛學的革命 / 楊惠南編撰. -- 五版. -- 臺北市：時報文化, 2012.11
面；　公分. --（中國歷代經典寶庫；41）
ISBN 978-957-13-5661-7（平裝）

1.六祖壇經　2.通俗作品

226.62　　101018617

ISBN 978-957-13-5661-7
Printed in Taiwan